庫

地図に秘められた「東京」歴史の謎

谷川彰英
監修

実業之日本社

はじめに

東京はビジネスと学びの町である。とにかく東京の駅という駅には、人が溢れかえっている。そのほとんどが、ビジネスマン・ウーマンであり、学生である。慌ただしく駅や街を通り抜けている姿を見ていると、東京という街の成り立ちや構造など考える暇もないといった感じである。

二〇一二年に出した『地名に隠された「東京津波」』（講談社＋α新書）は、幸いにも大きな反響をいただき版を重ねたが、その背景にあったのは、交通機関が高度に発達したあまり、東京人が土地の高低感を失ってしまったという現実であった。東京において移動は、ＪＲや地下鉄、私鉄を利用すると便利だが、それに慣れてしまうと土地の高低感が失われてしまうということであった。土地の低いところが津波の被害をより受けやすいことは自明だが、そのような土地の成り立ち以外にも、まだまだ東京には多くの謎が潜んでいる。

本書では、「『江戸』から『東京』へ　巨大都市のルーツをさぐる」「地図から浮かびあがる　東京変貌の謎」「交通の発達にみる　東京の過去・現在・未来」「地形に隠された　地理の不思議」「地名から読み解く　東京の歴史」の五つの構成からなっており、選りすぐった五〇の「謎」を集めてみた。

もちろん、なかにはその謎の正解をご存じの項目もあるだろうが、歴史、地理、地図といった幅広い領域から謎を集成しているので難解な項目もあるはずだ。その正解率を自分で確かめてみるのも本書の楽しみ方のひとつである。「そうか、こんなことがあったのか」「なるほど、そう言われてみるとそうだな」と、思わずうなずいてしまう話がたくさんあるだろう。読んでいただけると、きっと友人や知り合いの方に話したくなるような話題ばかりである。

私が長く研究してきたのは柳田国男だが、柳田の学問の基本的な精神は「疑問」「問い」であった。つまり一般の人々（常民）が日常生活のなかで抱く「疑問」こそが学問の出発点だと考えたのである。近年私が書いている一連の作品にもこの精神が貫かれている。

本書は小学生から年配の方まで、男女を問わず読んでもらえるように書かれている。学校では教えてくれないおもしろい話が詰められている。本書を読み終えたら、きっとあなたの東京を見る眼は変わるはずだ。
おもしろいと思った項目からまずどうぞ！

谷川彰英

◉目次

はじめに……2

第1章 「江戸」から「東京」へ 巨大都市のルーツをさぐる

江戸幕府が長期政権を維持しえたのは江戸城の立地にあった！……14
江戸城を守るため鬼門に建てられた寛永寺と増上寺……19
壮大な築城と都市建設に大きな役割を果たしていたのは青梅街道……24

「大江戸八百八町」はどこまで本当か？　世界一の大都市だった江戸の町……27
幕末には遊女五〇〇〇人！　葦が茂る湿地から一大産業となった吉原……32
世界を代表する「アキバ」の電気街は火除けの広い原っぱがルーツ……36
東京は五〇区からはじまった!?　都内二三区が誕生するまで……39
品川駅が港区にあり、目黒駅が品川区にあるなんとも不可解な理由……42
目黒の住宅街のなかになんと競馬場が残されている!?……46
東洋一の可動橋と謳われた勝鬨橋は幻に終わった万博やオリンピックのためだった？……50
東京都でありながら日本一人口が少ない自治体があった！……54

第2章 地図から浮かびあがる東京変貌の謎

なぜ銀座には、橋もかかっていない場所に「○○橋」の地名が多いのか？……58
川が地下を流れ、地下鉄が地上三階を走る特異な地形をもつ渋谷……62
内回りと外回りを走る東京の大動脈　じつは環状線ではなかった山手線……65
路面電車の都電がつぎつぎと消えるなか、なぜ荒川線だけが残れたのか？……69
駅の名称と場所が二度も変わっていた表参道駅の数奇な運命……72
地下鉄路線図に載らない秘密路線と公園の地下に眠る地下鉄車両の真相……77
弥生式土器ゆかりの弥生町の名前が残っているのは詩人サトウハチローのおかげ？……82

第3章 交通の発達にみる東京の過去・現在・未来

どこからどこまでを「江戸前」と言うのか？　水産庁の定義とは？ …… 86
えっ、存在していなかった!?　「埼京線」なる路線の真実 …… 90
そもそも東京の地下鉄はなぜメトロと都営に分かれているのか？ …… 94
はじめはコンクリート製を予定していた東京駅　レンガ造りに変更されたある理由 …… 97
いったいなんのため？　原宿駅に三つもホームがある不思議 …… 100
水運で栄えたスカイツリーのお膝元　その昔、人が舟を引いて歩いていた!? …… 104
一大オフィス街「丸の内」は利用価値のない荒れ野からはじまった …… 108
中央線に残る旧・万世橋駅　高架橋と駅舎が新たな商業施設に変貌 …… 112

地下鉄のトンネルにしみ出る地下水で東京の川をきれいにする!? …… 115

第4章 地形に隠された地理の不思議

赤羽の赤い羽根とは?　由来は関東ローム層の赤土にあった …… 120
どうやって引けばよいのか?　山の手と下町の境界線 …… 123
歴史をふりかえればナットク　荒川区に荒川が流れていない不思議 …… 127
多摩川を挟んで同じ地名が!?　東京都と神奈川県にまたがる謎 …… 131
多摩地域が神奈川県から東京都へと編入された意外な理由 …… 135
東京メトロの千代田線・国会議事堂前駅はなぜこんなに深い? …… 139
「富士見坂」と名のつく坂から本当に富士山は見えるのか? …… 142

都心に今も残る山「愛宕山」が切り開かれずにすんだワケ……145
佃煮発祥の地「佃島」は家康が関西から呼び寄せた漁民の功績……149
レジャースポット「お台場」はそもそも黒船に対抗するための砲台……152

第5章 地名から読み解く東京の歴史

寺にちなんでいる名のはずなのに寺の形跡がない「吉祥寺」……158
近未来的なイメージの「三軒茶屋」はたった三軒の茶屋から生まれた町……161
歌舞伎の興行もないのになぜ新宿に「歌舞伎町」があるのか？……163
人気漫画の舞台・葛飾区「亀有」 もともとの地名は「亀なし」だった……166
国分寺市の「恋ケ窪」は男女のロマンスからついた地名!?……169

「赤坂見附」に「四谷見附」……江戸城に残る「見附」とは？……172
「神田紺屋町」「神田鍛冶町」　職業にちなむ町名が今も残る……174
東京駅八重洲口の「八重洲」は家康に仕えたオランダ人の名前から……176
「両国」という地名は武蔵国と下総国の両国に架けた橋から……179
まるで川の向こうに見える島のよう!?　「向島」は江戸のリゾート地だった……181
埼玉県内になぜか東京都練馬区　飛び地が生まれたワケ……183
ガーデンプレイスに象徴される洒落た街「恵比寿」　ビールのブランド名がルーツ……186
ＪＲ山手線は「やまのてせん」か　それとも「やまてせん」か？……188
参考文献……191

第1章

「江戸」から「東京」へ
巨大都市のルーツをさぐる

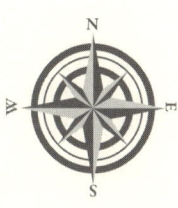

江戸幕府が長期政権を維持しえたのは江戸城の立地にあった！

東京が現在のような大都市へと発展する最初の一歩は、一五九〇（天正一八）年までさかのぼる。未開の地だった関東に、徳川家康が二四〇万石を得て、江戸城に入った年である。そもそも江戸城は、一五世紀半ばに太田《おおた》道灌《どうかん》が築いたものであり、家康がこれを大々的に改修したものである。

数度にわたり改修を続けた江戸城は、三代将軍・家光の時代には一応の完成を見る。それに呼応するかのように、江戸の町は年々華やかさを増し、世界有数の大都市にまで発展するのだ。

江戸幕府が三〇〇年近くも安定した政権を維持しえた要因のひとつに、江戸城の立地の良さが挙げられる。家康が、道灌の建てた江戸城を活用したのも、この立地にあったといってよい。広大な関東平野の中央に位置し、海に面しているので外敵をよせつけにくい。また、豊かな実りが得られ、陸海ともに交通の便がい

●平安京と江戸城の「四神相応」

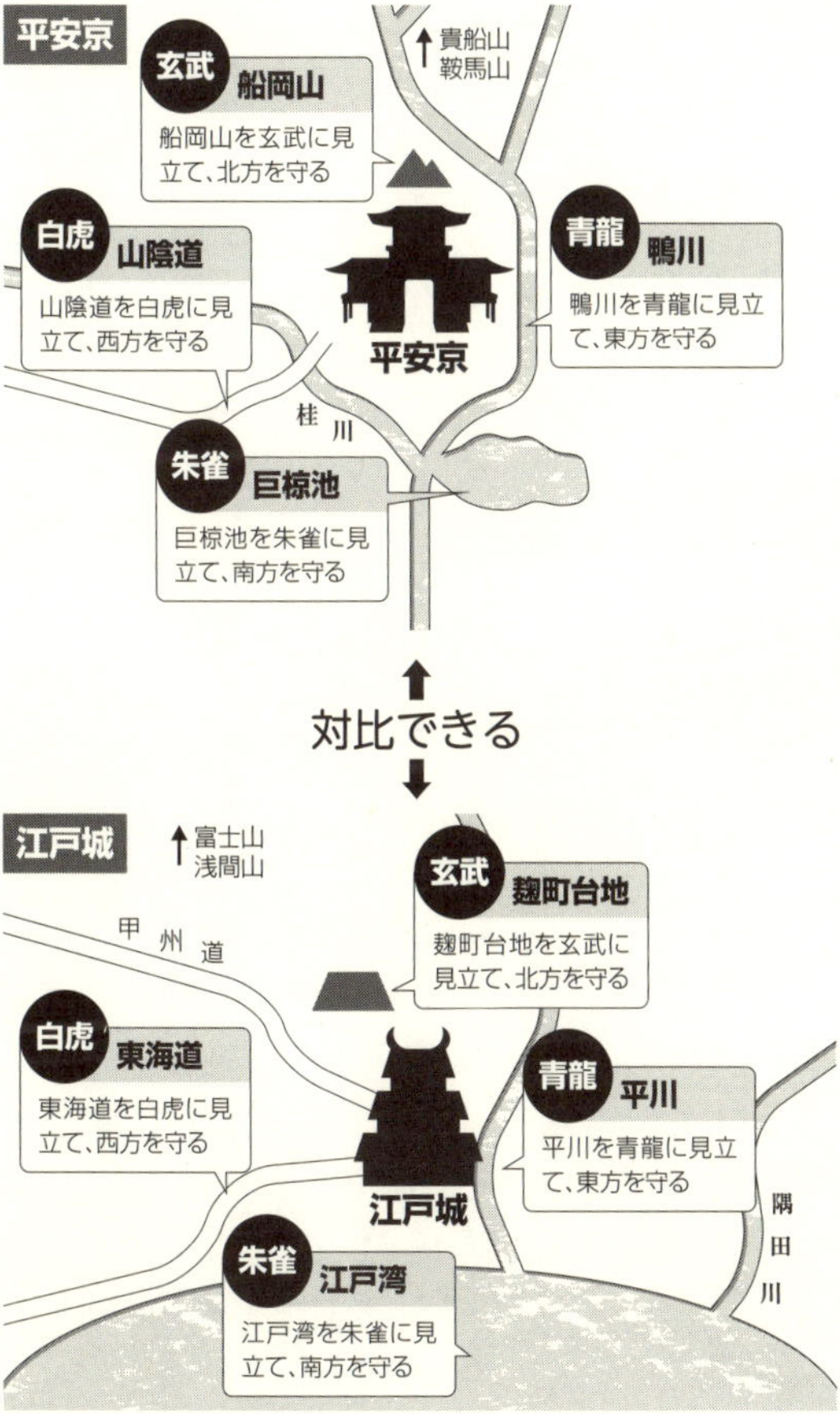

い。

注目されるのは、本丸台地が七つもの台地に囲まれている点。つまり、上野台地、本郷《ほんごう》台地、小石川《こいしかわ》台地、牛込《うしごめ》台地、麹町《こうじまち》台地、麻布《あざぶ》台地、白金《しろかね》台地である。それぞれの台地から延ばした延長線に本丸台地が交わる位置関係は、中国の陰陽《おんみょう》道《どう》の「交差明堂形《こうさめいどうけい》」と呼ばれる地形であり、理想的な条件とされた。

陰陽道によれば、本丸台地のような「交差明堂形」の中心は「地の気」が飛びぬけて強く、後世が繁栄するとされていた。そのかいあってか、たしかに江戸幕府は強固な政権を確立し、長きにわたって栄えたことは歴史のとおりである。

一説には、家康はこの陰陽道の考えを積極的に取り入れたという。陰陽五行説に基づく陰陽道の思想は風水と同じで、古来、中国の皇帝たちが王朝の繁栄のために用い、日本にも六世紀ごろに伝わったとされる。

さらに、「交差明堂形」に加え、もうひとつ注目されるのが「四神相応《しじんそうおう》」という考え方だ。天の四神、すなわち東の「青竜《せいりゅう》」、西の「白虎《びゃっこ》」、南の「朱雀《すざく》」、北の「玄武《げんぶ》」に相応する最良の地という意味である。

これを実際の地理に当てはめると、東には流れる水（つまり川）、西には大道、南には池（または海）、北には山がある地勢になる。このように東西南北を四神に守られた都市は栄えるとされており、適合する地に都が築かれ、発展したのが平安京だった。東に鴨川《かもがわ》が流れ、西に山陰道が走り、南には巨椋池《おぐらいけ》、北には船岡山があった。

江戸の場合、平安京のように東西南北が厳密には一致しないものの、東には平川といって現在では日本橋川として一部が残る川が流れていたし、西には東海道、南には江戸湾が位置している。北の山は麹町台地、その西側後方の富士山、さらには浅間山や日光連山がある。

この「四神相応」の考え方は、たんなる吉凶の占術ではなく、現代人をも納得させる合理性がある。背後に山がそびえていれば、敵から攻め込まれるリスクが抑えられる。目の前の池や海も濠《ほり》の役割として軍事上、大変有利である。川と基幹道路は、ヒトとモノの流れをつくるうえで重要であり、都市の発展に欠かせない大きな要素だ。

今も港区に残る「虎ノ門《とらのもん》」の地名は、この「四神相応」に由来するといわれている。西の「白虎」にあたる場所だ。一六〇六（慶長一一）年、現在の虎ノ門交差点の付近に「虎之御門」という外郭門が建てられた。「江戸三十六城門」といわれるほど数多く設けられた門のひとつである。

「虎之御門」そのものは、明治に入って失われてしまったが、すっかり根付いた名称はその後も残ったのだ。地下鉄の出入口付近には、小さな虎の像が鎮座する「虎ノ門遺跡」の碑《ひ》が建てられている。

江戸城を守るため鬼門に建てられた寛永寺と増上寺

江戸の都市計画に陰陽道が取り入れられ、京の都を目指したことは、上野の寛永寺《かんえいじ》にも見てとれる。今でこそ美術館に博物館、動物園、不忍池《しのばずのいけ》など、人々が余暇を利用して訪れる文化と和みのエリアだが、もともとは鬼門封じのために建立された寺である。

寛永寺の創建は、一六二五（寛永二）年。天台宗の僧・天海《てんかい》が三代将軍・徳川家光の命を受けて開き、元号がそのまま寺の名称とされた。上野公園から周囲のかなりの範囲にわたり、三六万坪にも上る広大な敷地に、お堂が一〇〇近くも建てられた。

家康に取り立てられた天海は、家康亡き後は日光に東照宮《とうしょうぐう》を建てて家康を祀《まつ》り、徳川三代にわたって仕えた。呪術を発揮し、黒衣の宰相と呼ばれるほど権勢をふるい、一〇〇年以上も生きたといわれる怪僧である。

その天海は、江戸城の鬼門にあたる東北の方角をにらみ、上野の山と不忍池に目をつけた。ここを京都の東北に置かれた比叡山延暦寺《ひえいざんえんりゃくじ》を再現する場と定めたのである。比叡山延暦寺を模したことは、寛永寺の上につけられた山号が「東叡山《とうえいざん》」であることからも容易に推測されるだろう。

上野の山は、当時まだ葦《あし》や萱《かや》が生えるばかりの台地だった。かつては「忍ケ岡《しのぶがおか》」と呼ばれたが、周囲の低地の「下谷」に対し「上にある野」から「上野」の地名がついた。

不忍池は、琵琶湖に見立てられ、琵琶湖に浮かぶ竹生島《ちくぶしま》にならって人工の島までがつくられ、そこに不忍池辯天堂《べんてんどう》が建てられた。

整備の際、紅白の蓮《はす》が植えられたことから、不忍池は蓮池として有名になっていく。夏の開花の時期になると、江戸っ子はつぼみが開き始める早朝から集まって、神秘的な風情を楽しんだのだ。池のほとりには茶屋や料理屋が並ぶようになり、一層にぎわったという。

上野の花見といえば真っ先に頭に浮かぶのは桜だが、それも天海の計画にそって植えられたものである。奈良の吉野山からわざわざ桜の苗を取り寄せたのだ。

●江戸城を守る二つの寺

寛永寺

延暦寺と同様、創建時の年号「寛永」をとって寺号とした。清水観音堂も京都・清水寺を模している

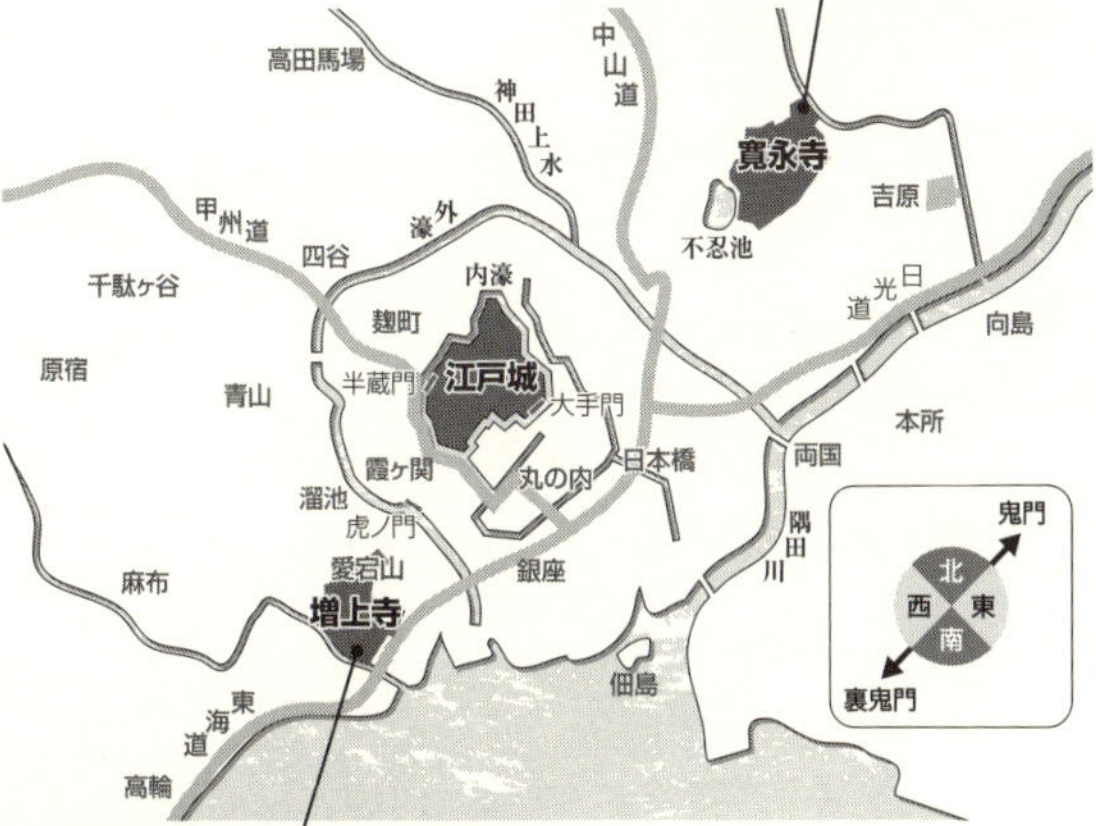

増上寺

徳川家の菩提寺。1598年、江戸城拡張のために現在の芝にうつされたのは、裏鬼門の守護を託されたため

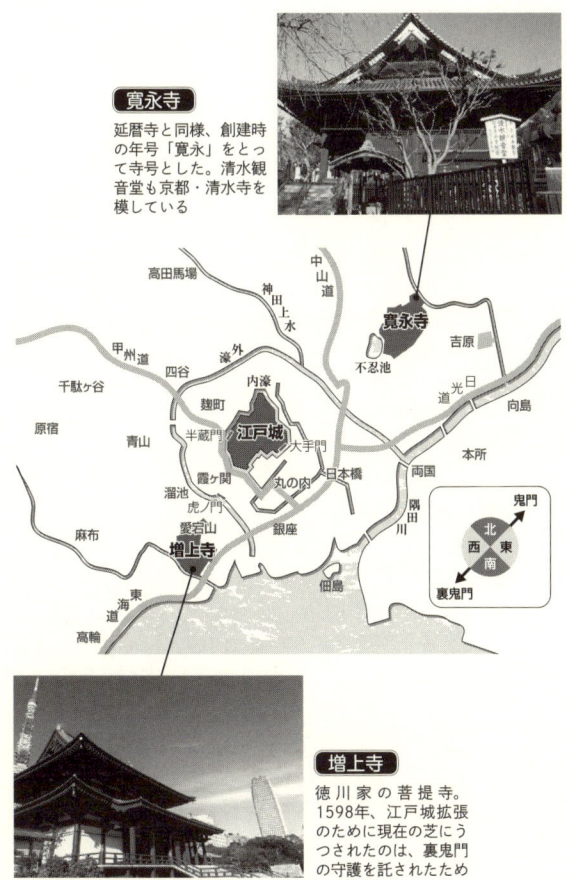

寛永寺は将軍家の菩提寺《ぼだいじ》であったため、江戸の庶民が境内に自由に出入りすることはできなかったが、桜の季節だけは例外とされた。桜並木へと続く本坊の表門が開放され、庶民の花見を受け入れる計らいがなされた。

とくに見応えがあったのが、清水観音堂のあたりで、人々は敷物を広げてまわりに幕を張りめぐらせ、花見を楽しんだようだ。その清水観音堂もまた、名前から推測されるとおり、京都の清水寺を模して建てられたもの。現在の位置はもとの場所から少し移動しているが、当時は不忍池を眺められるように本堂正面に設けた舞台から本郷の大名屋敷までを見晴らせたという。

このように、陰陽道にもとづいて京の都を真似るよう、入念に計画され、形作られて、太平の世を見守ってきた寛永寺だったが、守るべき主を失うと状況は一変する。

一八六八（慶応四）年、徳川慶喜《よしのぶ》が江戸城を明け渡した後も、旧幕臣の彰義隊《しょうぎたい》が上野の山にたてこもり、抵抗を続けたのである。

これに対し、新政府軍は一気に攻撃をしかけた。それによって寛永寺の境内にあった数多くの建物群の大半は焼け落ちてしまったのだ。江戸時代の隆盛はこうして終わりを迎えることになった。

その後、ごく一部を除いて広大な敷地が上野公園となり、文化施設などが建設され、今日に至っている。

陰陽道による仕掛けは、じつは寛永寺だけではない。江戸城から見て反対の南西、裏鬼門の方角をたどると、同じくらいの距離のところに増上寺《ぞうじょうじ》が目につく。寛永寺に規模は及ばないものの、江戸時代には現在よりはるかに広い敷地があり、鬼門封じとして、やはり江戸城を守る役割を担っていたのである。寛永寺とともに将軍家の菩提寺となり、代々の将軍の亡骸《なきがら》はふたつの寺に埋葬されている。

壮大な築城と都市建設に大きな役割を果たしていたのは青梅街道

江戸の都市計画には、永年の繁栄をたしかなものとするため陰陽道が取り入れられ、吉凶が重視されたが、現実的には資材の調達という喫緊《きっきん》の課題もあった。徳川家康がはじめた江戸城改修では本丸から大々的に造り直し、二の丸、三の丸、さらには西の丸まで設けたのだから、途方もない量の建築資材が必要とされたことは想像にかたくない。

江戸を取り巻く多摩《たま》地域が発展したのは、そうした背景があってのことだ。幹線道路としておなじみの青梅《おうめ》街道は、多摩川流域から甲府に至る道であるが、もとはといえば江戸城の公儀普請《こうぎふしん》のために、江戸をつなぐためにつくられたものである。

青梅から建築資材として運んできたもの、それは漆喰《しっくい》壁の材料である石灰《せっかい》だった。家康が関東に入ったころから青梅では石灰の製造がはじめられ、天守閣を建造した際には二五〇〇俵もの石灰を江戸へ運搬したという記録が残っている。

青梅の石灰は、築城だけでなく市街の形成にも盛んに用いられた。青梅は壮大な城と都市の建設に大きな役割を果たしていたのである。その後は石灰に限らず、青梅特産の青梅縞《じま》と呼ばれる織物をはじめ、物資の輸送に利用されてにぎわった。

この青梅という地名の由来は諸説あるが、とくに有名なのが平将門《たいらのまさかど》にまつわる話だ。現在の青梅市天ケ瀬町《あまがせちょう》にある金剛寺に将門が立ち寄った際、馬の鞭《むち》にしていた梅の枝を地面にさして武運を祈ったところ、枝が根づいて開花し、実を結んだという。その実が熟さず青いままだったことから、人々が不思議がり、一帯が青梅と呼ばれるようになったと伝えられる。

現在も「将門誓いの梅」と呼ばれる老木は、ここ金剛寺の中庭にあり、実が青いままに秋まで落ちない姿を見ることができる。

江戸と多摩をつなぐ街道として、青梅街道とともに五日市《いつかいち》街道も重要だった。江戸城の建造に際して整備され、現在のあきる野市から築城に用いる石材や銅瓦《どうがわら》を大量に運び、資材に加えて多くの石工たちが行き来したと伝えられる。

さらに江戸城の普請が終わると、五日市街道を通じて主に木炭が運ばれるようになった。江戸市中で使われる炭の多くが五日市で焼かれ、江戸末期には年間で二〇万俵も生産していた。こうして江戸の町が成長するにつれ、多摩は首都圏の一画として発展する。物資の輸送路だけでなく、周囲に次々と新たな田畑が開かれ、農産物の産地として江戸っ子の胃袋を支える役割も果たすようになっていった。

「大江戸八百八町」はどこまで本当か？
世界一の大都市だった江戸の町

江戸の急速な発展は、現代人の目から見ても驚異である。徳川家康が移ったころには一〇〇軒ほどの民家が点在するだけだった地が、二〇〇年ほどの間に世界でも有数の大都市にまでなった。

急成長ぶりは人口が如実に示している。幕府が開かれてわずか八年後の一六一一（慶長一六）年ごろには、すでに一五万人ほどまでに増え、一八世紀に入って八代将軍・吉宗の治める享保《きょうほう》年間になると、町人、武家人口がそれぞれ五〇万人程度にふくれ上がった。

さらに繁栄を極めた一九世紀はじめの文政期には、江戸の人口はピークに達し、一二〇万人になったと推測される。同時期の世界の都市の人口は、パリが五四万人、ロンドンが八六万人、北京が九〇万人と推定されているから、江戸が世界的に見てもいかに大きな都市だったかが理解できるだろう。

このような人口の急増は、江戸の町が拡大し続けたからこそ可能だった。長屋が立ち並ぶ町人地の過密状態は恒常的になっていくが、それでも新しい町人地がつぎつぎにつくられ、広がっていったのである。

そして生まれたのが、「大江戸八百八町」である。江戸の市中に数多くの町ができて、にぎわっていたことをあらわす言葉である。古来、数が多いことを示すのに八の数字が用いられてきたことを考えると、必ずしも八百八の町があったという意味ではない。いやそれどころか、現実にはもっと多かったのだ。

ここでいう「町」とは、今のような地方自治体の単位ではない。京間《きょうま》六〇間四方の区画、すなわち一辺約一一八メートルの正方形の町割りのことで、周囲を道に囲まれ、中央は会所地として空地にされていた。このスペースに長屋を建て町人の住まいとするのが、幕府の町づくりだった。

開府当初に開削され、建設された町の数は三〇〇程度。そこからつぎつぎと江戸湾が埋め立てられて土地は広がり、農村だった地域も町割りへと変わっていき、増加の一途をたどった。江戸の街は、このように外へ外へと広がっていったのだ。

そして、町数は半世紀もしないうちに倍以上になり、一世紀後の一七〇〇年代

●江戸の範囲が示された『朱引図』

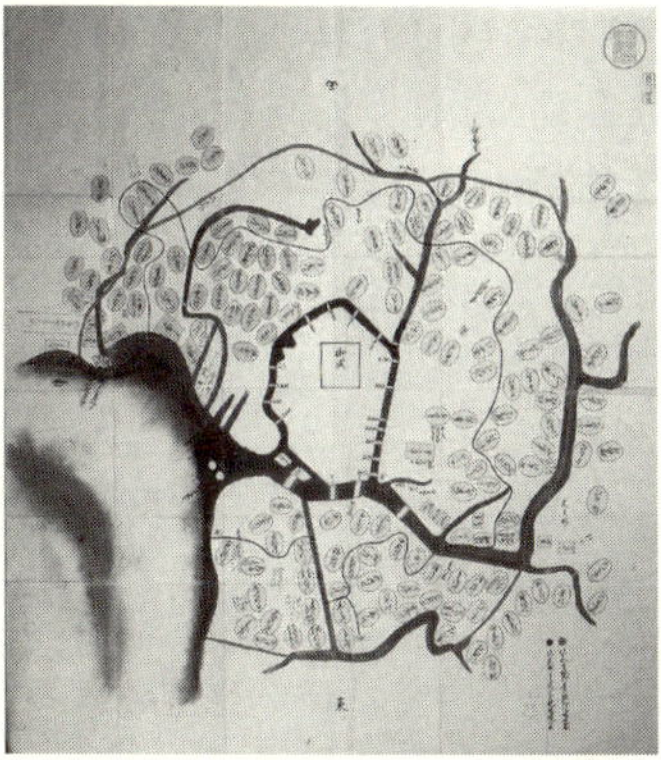

『江戸府内朱引図（部分）』
西側を上にして描かれている。左が江戸湾
（所蔵：東京都公文書館）

⬇

北を上にして図式化

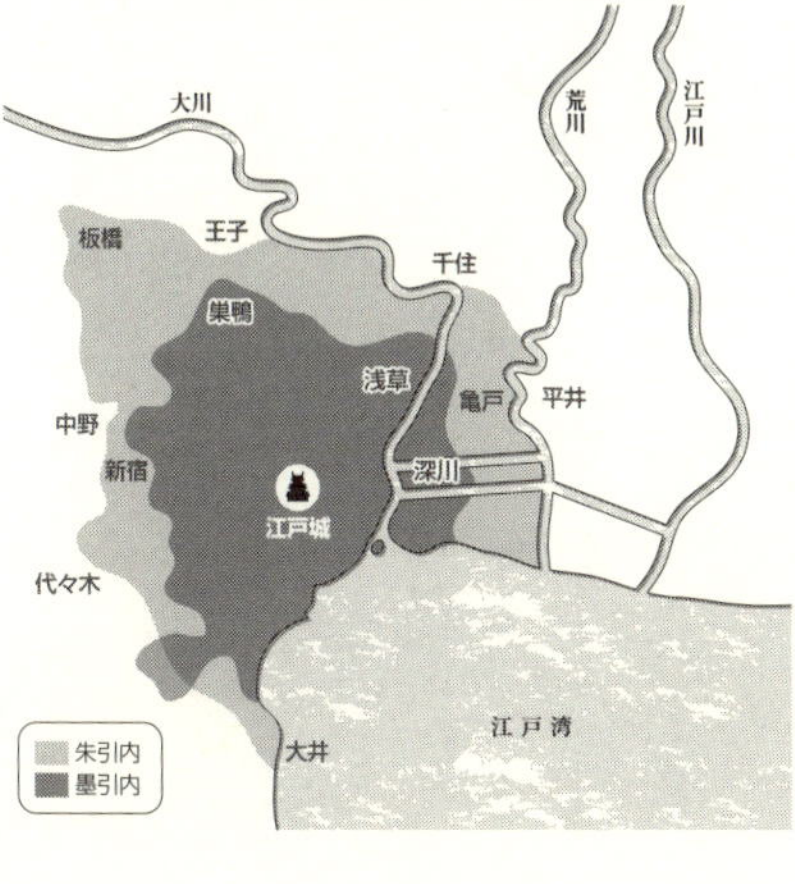

に入ると九〇〇を超えた。さらに、享保～延享《えんきょう》年間の一七〇〇年代半ばまでには、一七〇〇に迫るまでになり、これが町数のピークと見られている。言葉通り実際に「八百八町」だったのは、一六五八（万治《まんじ》元）年のころで、ピークと比べると、その二倍超にまで達していたことになる。

こうした町数の増加には、管轄の変更も影響していた。江戸市中のうち約六割までは大名屋敷をはじめとした武家地が占め、ほかに約二割は寺社の地だった。武家地や寺社地に含まれていた区画が町奉行の管轄に変わると、町数に加えられた。管轄が明確でない地域もあったが、どこまでを江戸とするかについては、町奉行の支配する地域がその範囲とされていた。

江戸の範囲を指す言葉として、「御府内《ごふない》」という言い方があるものの、これという定義や境界があったわけではない。寺や神社が改修などで寄付を募る範囲だとか、「江戸払い」の範囲など、いくつもの解釈が別々にあって混乱した状態だった。

そうしたなか、幕府は一八一八（文政元）年、初めて御府内の範囲を示した。地図に朱で線を引いたことから、御府内は「朱引内《しゅびきうち》」ともいわれるようになる。

東は今の荒川のあたり、北は王子《おうじ》、板橋あたり、西は代々木《よよぎ》、目黒あたり、そして南は今の大井町の駅あたりまでが含まれていた。

しかし、このとき同時に町奉行の支配する範囲も地図に墨の線で示された。なぜか朱引内より狭くなっており、こちらは「墨引内《すみびきうち》」と呼ばれた。厳密に江戸の範囲がどちらなのかは、今も意見の分かれるところである。

幕末には遊女五〇〇〇人！ 葦が茂る湿地から一大産業となった吉原

遊郭として有名な吉原も、江戸の大火事をまぬかれることはできなかった。一六五七（明暦三）年の明暦の大火により、中央区人形町《にんぎょうちょう》付近にあった遊郭が焼け落ち、浅草寺の裏手の一画へと移転したのである。以降、もともとの場所は「元吉原」、移った先は「新吉原」と呼ばれるようになる。

実際のところ、火事の前年には市街整備を進める幕府が、吉原の町名主に移転を命じていた。江戸の発展とともに吉原が中心地に近くなり、風紀上、都合が悪くなってきたためだ。火災を契機に、移転が確実に進められることになった。

そもそも幕府公認の遊郭ができたのは、庄司《しょうじ》甚《じん》衛門《えもん》という茶屋の主の陳情が通り、一六一八（元和《げんな》四）年に点在していた遊女屋がまとめられたのがはじまりとされる。甚衛門は一か所に集めれば御上の目も届きやすく、客も遊びすぎないなど理由をあげた。都市建設の途上で地方からきて働く男性が多く、人口におけ

●「元吉原」から「新吉原」へ

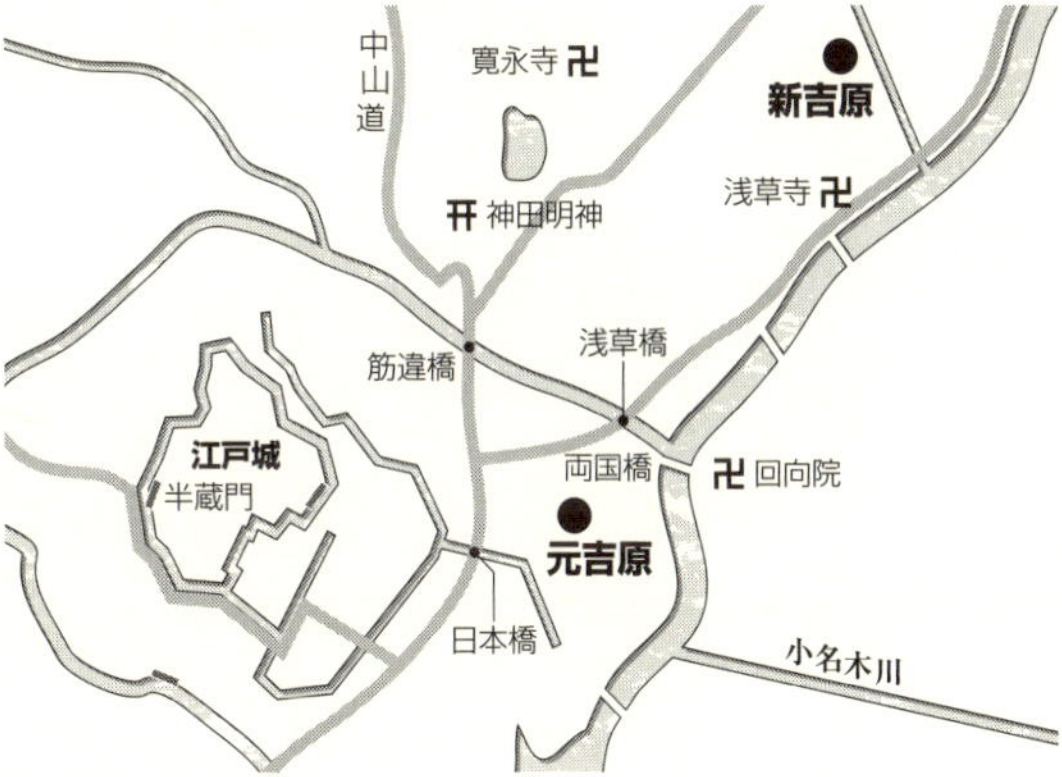

●吉原の廓図

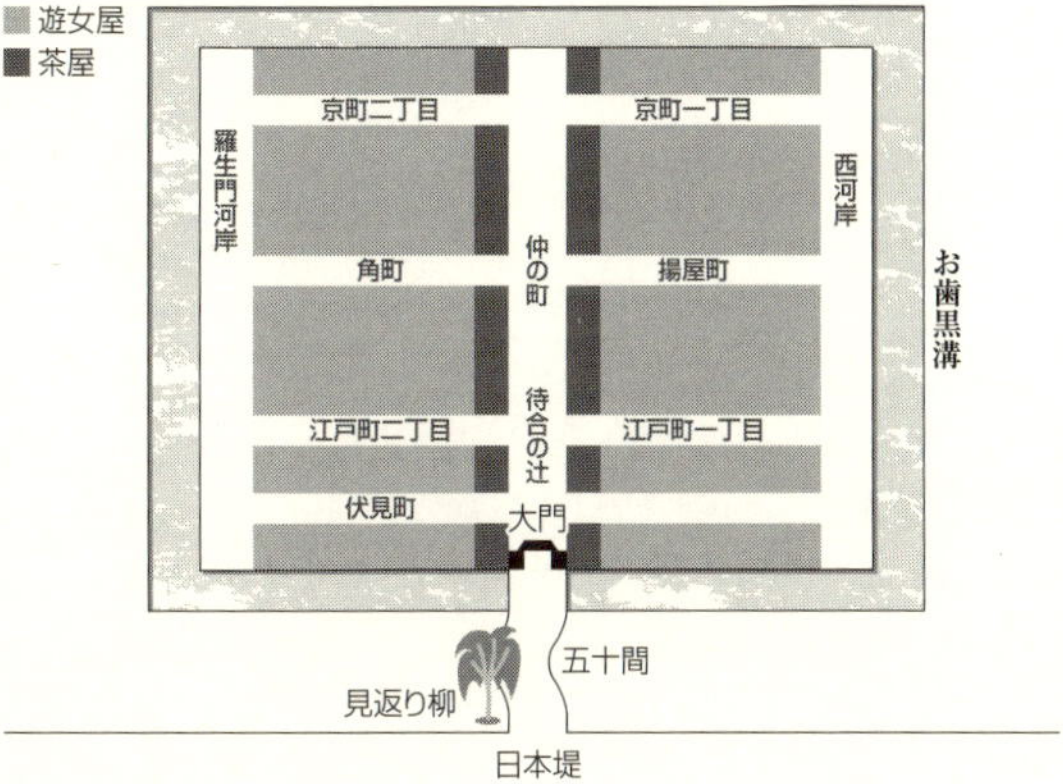

る男性の比率が圧倒的に高いなか、幕府としても彼らをひきとめ、治安を保つのに都合がいいと判断したのである。

その際、葭《よし》（植物の葦を指す忌み言葉）が茂る湿地を造成したため、「葭原《よしわら》」と呼ばれるようになり、縁起のいい「吉《きち》」の字にかえて「吉原」となったといわれている。

吉原と聞くと時代劇で描かれる、おいらん姿をイメージする人も多いだろう。かんざしをさし、黒塗りの重い下駄《げた》をはいて八文字に歩く〝おいらん道中〟も、江戸時代の遊郭の特異な風情をうかがわせる。

吉原の遊女はいくつもの階級に分かれ、位の高い遊女は高い教養を求められ、三味線や箏《こと》などの芸事に加え古典や茶道、書道なども教え込まれていた。

だからといって、遊女がまともな扱いを受けていたわけではない。借金のかたに売られたり、かどわかされたりした女性たちは、稼いでも借金が減らない仕組みのなかであえぎ、若くして命を落とすケースが多かった。

もちろん、遊女は自由に外に出ることなど許されない。逃亡できないように周囲には塀《へい》が建てられ、「お歯黒溝《はぐろどぶ》」と呼ばれる濠で囲まれていた。出入口は大門という門のみ。脇には番小屋があって、常に厳しく監視されていた。この大門という名は、場所は少しずれるが交差点名として今も残っている。

新吉原では武士に加え、紀伊国屋文左衛門《きのくにやぶんざえもん》、奈良屋茂左衛門《ならやもざえもん》のような豪商、大店の旦那衆、庶民までが遊んでいた。遊女の数は一〇〇〇～三〇〇〇人だったものが、幕末には、じつに五〇〇〇人にまで増えたという。その関連で働く人々と合わせると一万人いたとされており、一大産業だったことをうかがわせる。

この新吉原のにぎわいは、江戸時代が終わりを迎えても続いた。政府公認の色街として続いたが、売春防止法が成立したことにより、一九五八（昭和三三）年二月二八日になってようやく三四〇年の歴史に幕が下ろされた。最後まで残った一六〇軒が廃業し、異なる形態の風俗店へと様変わりしていったのである。

地下鉄日比谷線の三ノ輪《みのわ》駅に近いところにある浄閑寺《じょうかんじ》には、「投げ込み寺」との別名がある。一八五五（安政二）年の大地震の際、あまたの遊女が投げ込まれるように葬られたことからついたもので、新吉原総霊塔が建てられている。寺には一七四三（寛保《かんぽう》三）年から大正時代までの過去帳が今も保存されており、一万人を超える遊女の名前が記されているという。

世界を代表する「アキバ」の電気街は火除けの広い原っぱがルーツ

江戸から明治へと時代が変わっても、火災が起こりやすい状況がすぐに解消されたわけではない。今では電気街にしてオタクの聖地として、世界に名を知られる秋葉原《あきはばら》の歩みにも、大火が深く関係している。

神田川の北岸には米のほか材木や薪《まき》、炭が集まる佐久間河岸があったため、とくに火災が警戒されていたが、それでも出火を繰り返し、大きな被害を出してきた。とくに一八六九（明治二）年一二月一二日、神田相生町《あいおいちょう》から出た火は神田一帯に広がり、およそ一〇〇〇軒が焼ける大火となった。

そこで明治政府は翌年、焼け跡に火除地を設けることを決定。九〇〇〇坪もの土地が防火のために空地のままにされることとなった。現在の秋葉原駅の北側の一帯である。ぽっかりと空いた土地があれば、延焼を防ぐことができ、また避難場所にもなった。

そのような空き地に、なぜ秋葉原という地名が生まれたのか。

きっかけは、この火除地の中心に火防の神様が移されたことによる。昔から火防の神様として名高く、静岡県春野町《はるのちょう》に総本社のある秋葉神社である。これが地名の由来である。昨今の若者たちの間では「アキバ」という呼び名が浸透しているせいか、まるで「あきばはら」が正しい地名のように思っている人も多いようだが、神社の読み方をひもとけば、それが誤りであることに気づくだろう。「秋葉神社」は、正しくは「あきはじんじゃ」であって「あきばじんじゃ」ではない。秋葉原の「秋葉」が「秋葉神社」に由来している以上、「あきはばら」が本来の呼び方である。

現在、秋葉原にこの神社は見当たらない。一八九〇（明治二三）年、この地に鉄道が敷かれることになり、秋葉神社はやむなく、現在の台東区松が谷三丁目に遷座することになったのである。

世界の電気街となった今、空き地に神社があったとは想像しがたいが、地名にその名残りを見ることができる。

秋葉原が電気街となった原点は、戦後の闇市《やみいち》。戦前から神田に電気器具の問屋が数軒あったため、東京大空襲で再び焼野原となった秋葉原に電気部品を売る露店が集まるようになった。近くに電機工業専門学校（現・東京電機大学）があり、そこの学生を見込んで中古の真空管を扱い始めたところ売れに売れて専門店が増えていったという。その後、露店整理令により秋葉原駅のガード下に移転し、今の電気街へと発展してきたのである。

東京は五〇区からはじまった!?
都内二三区が誕生するまで

今では東京の区の数といえば二三区が当たり前となっているが、明治のはじめからそうだったわけではない。今の二倍以上の五〇区から始まり、現在の形に落ち着くまで変更につぐ変更が何度も重ねられたのだ。

まず、「江戸」が「東京」へ改称されたのが、一八六八（慶応《けいおう》四）年七月一七日のこと。東京府としてのスタートであり、この年の九月八日に元号が明治に変わり、江戸城もはじめは東京城とされた。

そもそも「東京」は「西の京に並ぶ都」という意味をこめてつけられたもので、当初は「とうきょう」と「とうけい」の両方の読み方をされていた。今になってみると想像しにくいが、東京都は「とうけいと」になっていたかもしれない。

この東京の範囲は、江戸時代の「朱引内《しゅびきうち》」、すなわち御府内《ごふない》（三〇ページ参照）にほぼ相当し、五〇区が定められた。朱引内が市街地で、その外側は郷村地である。朱引内を五〇に分けたのは、およそ五〇万人の人が住み、一区一万人を目安にしたためである。

こうして江戸が東京に変わっても、拡大はとどまらずさらに加速した。廃藩置県が行なわれた一八七一（明治四）年には隣接する町村が加わり、朱引内が四四区、朱引外が二五区となる。

さらに一八七八（明治一一）年には、郡区町村編成法により旧朱引内が一五区、その外側は六郡に分けられた。区の数は大幅に減ったが、これで今の二三区の範囲に近くなる。従来の制度や地形、住居の分布、役所の場所などを考慮した区割りだった。

それでも紆余曲折《うよきょくせつ》はまだまだ続く。一八八八（明治二一）年には旧朱引内の一五区が「東京市」とされ、周囲の六郡には町村制が敷かれた。この東京市というのは、東京府の下に置かれたので、住所表記では「〇〇区」の上に「東京府東京市」とついた。

再び大きな変更が加えられたのは、一九三二（昭和七）年のこと。約一〇万人が死亡した関東大震災の後、多数の被災者が郊外に移住し、都市化した地域が新たな二〇区として東京市に編入され、区の数は三五区までふくらんだのである。いわゆる「大東京市」の誕生だ。面積は何と六倍以上に広がり、人口は五五一万人と、世界第二の都市になった。

この大東京市がなくなり、東京都ができたのは、戦時体制に入った一九四三（昭和一八）年。そして、三五区が整理統合により二二区となり、最後に練馬区が板橋区から分かれて二三区となったのは、戦後の一九四七（昭和二二）年になってからのことである。

品川駅が港区にあり、目黒駅が品川区にある　なんとも不可解な理由

明治のはじめ、文明開化とともに東京にお目見えしたもののひとつに鉄道があった。日本初の路線は東京と横浜を結ぶことが決定し、イギリスから技術者たちを招いて計画が進められた。そして、一八七二（明治五）年五月七日、まずは品川〜横浜駅が仮開業し、九月一二日には新橋〜横浜駅が本開業となった。

このように品川駅は最古の駅のひとつなのだが、じつは品川区ではなく港区にあることをご存じだろうか。不思議なことに駅名と所在地の区が合致していないのだ。

鉄道がどんなものなのかわからない時代ゆえに激しい反対運動が起き、結果的に駅の場所がずれてしまったのである。

品川といえば、江戸時代には東海道五十三次の第一の宿場として栄えた町。鉄道の計画を聞いて、住民たちは宿場がすたれ、失業者が続出するといった恐怖を

●港区にある品川駅

●品川区にある目黒駅

抱いた。今なら鉄道が走って駅ができれば町の活性化につながると歓迎されるところだが、当時は未知の交通手段であり、どんなことになるのか想像もつかなかったらしい。

強硬な反発により用地が確保できない状況に陥ったとき、奇抜なアイデアを出したのが、計画を推進していた大隈重信《おおくましげのぶ》だった。海に目を向け、埋め立て地に線路を通せばよいと考えた。こうして昼夜を問わず干潮時をみはからって埋め立て工事が行なわれ、品川宿からは離れた埋立て地に駅が誕生したのである。すぐ南は波打ち際だったという。

その後、一九〇二（明治三五）年になって最初の駅から三〇〇メートルほど北に移動し、品川駅はさらに品川区との境から離れていったのである。

また、一九〇四（明治三七）年には京浜急行の前身である京浜電気鉄道が、別の品川駅をつくった。これは品川区内にあり、品川の北に位置しているという意味から一九二五（大正一四）年には「北品川駅」に改称された。このため、品川駅で京浜急行の普通電車に乗って南下すると、次が北品川駅という不思議な状態になっている。

さらに、駅名と区の不一致は、目黒駅でも起きている。一八八五（明治一八）年に誕生したときには品川駅の隣だった古い駅だが、やはり住民の反対運動で位置がずれている。もともとは目黒川沿いの低地に線路を敷く計画で、その通りに進んでいれば目黒区内に駅ができるはずだった。ところが、目黒の住民たちは、ばい煙や振動などで一帯の田畑が大きなダメージを受けると猛反発、計画変更を余儀なくされた。線路は何もない坂の上へと追いやられ、目黒駅は品川区上大崎《かみおおさき》につくられたのである。

目黒の住宅街のなかに なんと競馬場が残されている!?

欧米と早く肩を並べようとして明治政府が力を入れたもののひとつに、西洋式の競馬がある。はじめは西洋の文化を取り入れた証として、また不平等条約の改正に向けて交渉を行なう社交の場として用いられ、明治後期になると今度は軍馬を改良する目的で推進策がとられた。そのなかで全国各地に数多くの競馬場が設けられ、東京では池上、目黒、板橋にお目見えした。

おもしろいことに、目黒競馬場の痕跡は今も住宅地のなかに見てとることができる。競馬場のコーナーから観覧スタンド前へと急カーブを描くコースが、下目黒の四丁目、五丁目の道路として残っているのである。

この目黒競馬場が誕生したのは、一九〇七（明治四〇）年のこと。日露戦争において日本の軍馬が大きく劣っていることを思い知らされた明治政府は、馬券を解禁することで品種改良や訓練のための資金を得ようと考えた。当時の目黒は農

●当時の目黒競馬場

いまや日本ダービーとして知られる「東京優駿大競走」が、1932年に開かれた（所蔵：ＪＲＡ競馬博物館）

村地帯で、約六万五〇〇〇坪の敷地の八割の土地が平均の四倍もの借地料で借り上げられた。観覧スタンドは三階建てで、練習馬場やパドックまで併設した立派なものだった。

政府の目論見《もくろみ》は当たり、目黒競馬場は大にぎわいとなって一万人を超える来場者を記録した。当時の馬券は庶民にとっては高額だったのだが、何人かで共同購入するなどして広まっていったという。一種の社会現象にまでなり、身を持ち崩す人も多数出てきて風紀の乱れも懸念されたため、一時期は馬券の販売が中止されたほどだった。

一方で、この一帯の宅地化が進んで

いた。大きな転機となったのが、一九二三（大正一二）年の関東大震災だ。東京の中心部で被災した人々が安心して腰を落ち着けられる郊外へと移住する波が起こり、目黒でも急速に人口と住宅が増加したのである。

農地が広がっていた競馬場のまわりにも、次々と家が建てられ、住民が行き交うようになった。その結果、厩舎《きゅうしゃ》のにおい、レース中の騒音などに対する苦情が出るようになり、借地の地代も上がっていった。目黒競馬場の移転はもはや時間の問題だったのである。

それでも人気は衰えるどころか沸騰する一方だった。現在では「日本ダービー」として知られている「東京優駿大競走」の第一回が一九三二（昭和七）年四月二四日に行なわれたのも、ここ目黒である。翌年四月には第二回が開催され、その月の終わりに府中《ふちゅう》へと移転したのである。

こうして、最盛期には一キロ離れた目黒駅まで入場を待つ人の行列ができるほどのにぎわいが目黒から消えた。観覧席の一部にはドレスコードがあったため、紋付の羽織袴《はおりはかま》で人力車に乗る人々の姿もよく見られたのだが、そうした華やぎも昔のこととなった。

今に残るのは、住宅地のなかのカーブと目黒通りの「元競馬場」という交差点、その脇に建てられた「目黒競馬場跡記念碑」である。この記念碑は昭和初期の優駿で、第一回ダービーの勝ち馬「ワカタカ号」の父である「トゥルヌソル号」の銅像だ。

また、毎年一一月に大量のサンマを無料で配る「大鳥前元競馬通り商店街《おおとりまえもとけいばどお》」のイベントがある。祭りの名称を「サンマ祭り」だと思っている人もいるが、正式名は馬にちなんだ「にんじん祭り」である。

東洋一の可動橋と謳われた勝鬨橋は幻に終わった万博やオリンピックのためだった？

若い世代にはあまり知られていないようだが、築地《つきじ》と月島《つきしま》を結ぶ勝鬨橋《かちどきばし》は両開きの跳ね橋である。一九四〇（昭和一五）年に完成したころは東洋一の規模を誇り、現在も国内最大級。国の重要文化財に指定され、歴史的な価値も高い橋だ。

そもそも、なぜ跳ね橋にしたのかといえば、隅田《すみだ》川の最下流に位置しており、より上流の両岸に石川島造船所（現・ＩＨＩ）や三菱、住友などの倉庫が建ち並んでいたため。行き来する大型船が通れるように、シカゴの跳ね橋をお手本として、日本の技術の結晶たる立派な橋を架ける計画が進められたのである。

そして七年がかりで出来上がったのが、全長二四六メートル、中央部の可動部分（約五〇メートル）が最大で約七〇度までハの字に跳ね上がる橋。橋の上には都電のレールも通っており、当時の最先端をいく高度で複雑な仕組みが注目を集めた。

●跳ね橋として活躍した勝鬨橋

橋を上げて船を通していた当時の姿。1954年5月撮影（所蔵：毎日新聞社）

当初は一日五回、二〇分程度かけて開閉が行なわれたが、時代の変化とともにその回数は少なくなっていった。車が増え、二〇分の通行止めのたびに渋滞の原因になったからだ。東京湾の埋立地に埠頭《ふとう》ができるなどして船舶の航行状況も変わったこともあり、一九八〇（昭和五五）年を最後に、開閉は行なわれなくなった。

勝鬨橋が跳ね橋とされたのには、もうひとつ理由があった。じつは、完成した昭和一五年は、神武《じんむ》天皇の即位から数える「皇紀」で二六〇〇年の節目にあたり、数々の記念行事が大々的に計画されていた。そのひとつが万国博覧会で、会場へと導く勝鬨橋は「万博の顔」となるはずだったのだ。
各国から船で訪れる人々を歓迎するメインゲートとしての役割もあった。つまり、壮麗な見た目、技術の誇示などが、設計段階から十分に考慮されていたのである。

計画では、月島の埋立地（現在の晴海《はるみ》地区）にパビリオンを建て、万博後には東京市の市庁舎にする予定だった。豊洲《とよす》や東雲《しののめ》、有明《ありあけ》がメイン会場となり、水上遊技場まで建てられることも決まっていた。

この国家的イベントが中止されたのは、戦争という時代の波にある。これもあまり知られていないが、万博とならんでこの一帯で計画されていたオリンピックも中止に追い込まれた。東京オリンピックというと一九六四（昭和三九）年が初めてだと思っている人が多いが、実現はしなかったとはいえ、それより前に開催計画があり、ＩＯＣ大会で本決まりしていたのである。

このときのオリンピック招致にあたり、最初にメインスタジアムの候補地とされたのが月島の埋立地だったのだ。現在の辰巳《たつみ》地区には競技場を配置し、その東側には堂々たる国際空港を建設する計画まで立てられた。メインスタジアムについては、強風の影響などを考慮して、後に駒沢《こまざわ》へと場所が変更されている。

ところが、ＩＯＣで開催が決定した翌年に盧溝橋《ろこうきょう》事件が起き、オリンピックや万博を開くどころではない戦況となったのである。

もしもこの計画が実現していたら、勝鬨橋の周囲のみならず、東京のウォーターフロント全体が今とはまったく異なる景観、位置づけになっていたことは確かだろう。

東京都でありながら日本一人口が少ない自治体があった！

東京への一極集中による弊害が盛んに論議されるなか、驚くことに都内にもかかわらず、喧噪《けんそう》どころか、住民が日本一少ない自治体がある。伊豆諸島の青ヶ島《あおがしま》という火山島からなる青ヶ島村である。

伊豆諸島というと、大島、新島《にいじま》、三宅島《みやけじま》、八丈島《はちじょうじま》などの伊豆七島を思い浮かべがちだが、青ヶ島はさらに南にある。七島のなかでもっとも南に浮かぶ八丈島から約七〇キロ、本土からは約三六〇キロの距離だ。本土から乗り継ぎなしでアクセスする手段はなく、八丈島から連絡船に二時間半揺られるか、ヘリコプターで二〇分かかる。黒潮の海流の只中《ただなか》に浮かぶ孤島だ。

人口は、二〇一〇（平成二二）年四月一日現在、一六五人。世帯数は九八。島の周囲は約九キロ、面積は約六平方キロしかない。島には番地がなく、公式な住所はどこも「東京都青ヶ島村無番地」である。

●伊豆諸島に浮かぶ青ヶ島

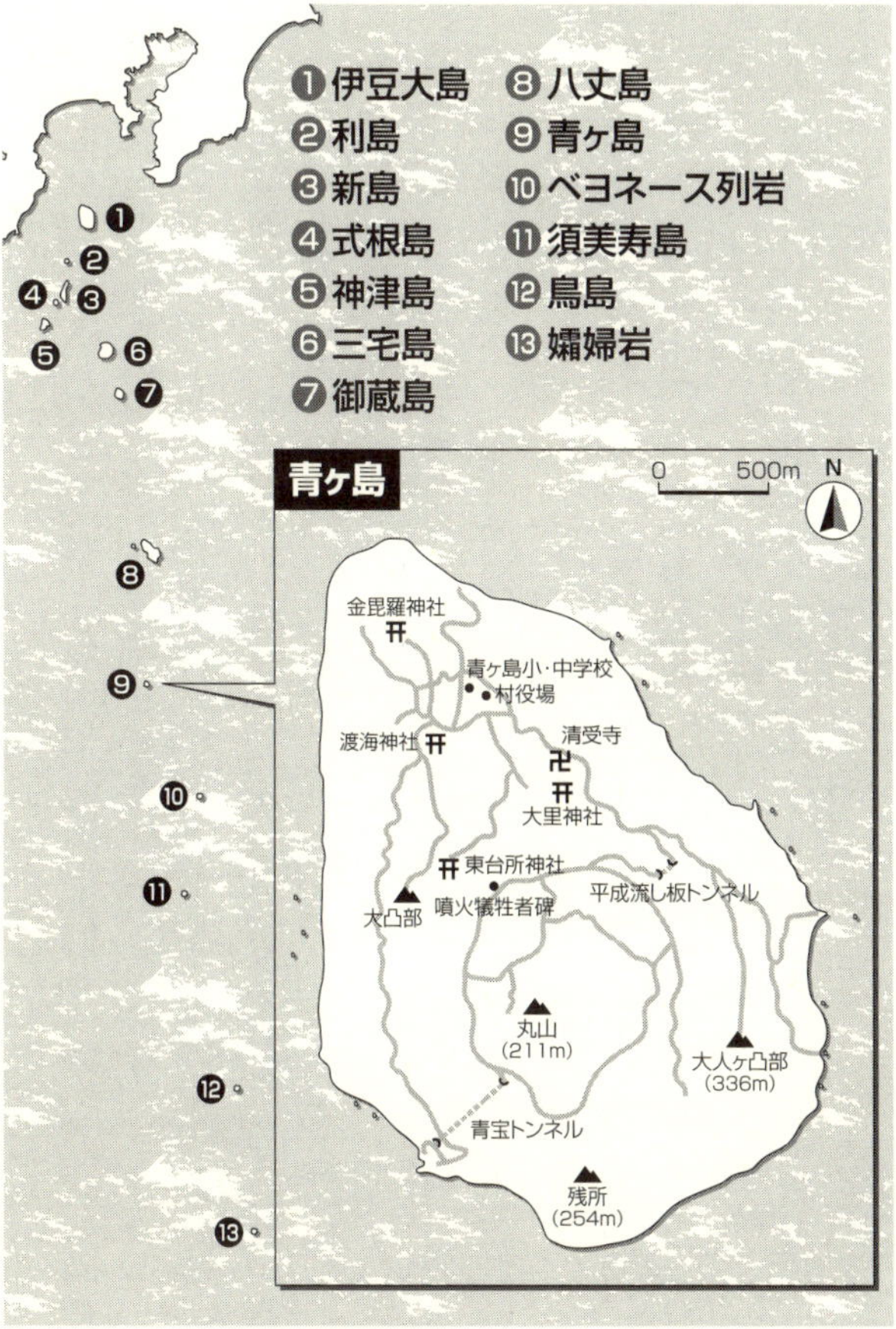

❶伊豆大島
❷利島
❸新島
❹式根島
❺神津島
❻三宅島
❼御蔵島
❽八丈島
❾青ヶ島
❿ベヨネース列岩
⓫須美寿島
⓬鳥島
⓭孀婦岩
青ヶ島
0
500m
N
金毘羅神社
青ヶ島小·中学校
村役場
渡海神社
清受寺
大里神社
東台所神社
平成流し板トンネル
大凸部
噴火犠牲者碑
丸山
(211m)
大人ヶ凸部
(336m)
青宝トンネル
残所
(254m)

緯度は宮崎県と同じくらいで、気温は年間を通じて一〇～二五度と温暖で、湿度が平均八五パーセントと高い。だから穏やかな南国の島と考えがちだが、二重式火山からなる地形は荒々しく断崖絶壁で、「鬼ヶ島」「男島」の異名をもつ。

この小さな島に、いつから人が住み始めたのかは定かではないが、一五世紀には海難事故の記録に島の記述が見られる。島民の生活を根底から揺るがしたのが、一七八五（天明《てんめい》五）年の火山噴火。一〇〇名以上の命が奪われ、およそ二〇〇人が八丈島に避難して、一時は無人島となってしまった。

その後、一八三五（天保六）年にようやく帰還が果たされ、養蚕《ようさん》や鰹漁《かつおりょう》、牧畜などで復興に努めた結果、一八八一（明治一四）年ごろに最盛期を迎えた。最盛期には七五四人が住んでいた。その後は人口が流出して今に至っている。

じつは、青ヶ島のさらに南にはベヨネース列岩、須美寿島《すみすとう》、鳥島《とりしま》などがあり、これらの所属町村はいまだに定まっていない。鳥島には八丈島から移住が行なわれた歴史があり、これを理由に八丈町が島の編入を望んでいるが、青ヶ島村は、八丈島より距離が近いことを根拠に八丈町編入に反発。結局、いまだ所属町村は決められずにいるのである。

第2章

地図から浮かびあがる東京変貌の謎

なぜ銀座には、橋もかかっていない場所に「○○橋」の地名が多いのか？

太平洋戦争の空襲で焼け野原となった東京は、その後、高度成長期へと突入し、めざましい復興を成し遂げる。国の威信をかけたオリンピックというビッグイベントも手伝って、街は大きく姿を変えていく。

明治時代から近代化の先端をいく存在だった銀座もまた、大変貌を遂げることとなった。もともと銀座一帯は、江戸時代に埋め立てられてできた土地で、そこに川や堀をつくってめぐらせ、廻船《かいせん》を使って物資を運び込んでいた。

しかし、この水運によるにぎわいは、鉄道や車などの陸上交通が発達するとともにすたれていくことになる。三十間堀《さんじっけんほり》川、京橋川、汐留《しおどめ》川、さらには江戸城の外濠《そとぼり》など、いくつもあった川や堀は、つぎつぎに埋め立てられていった。

最初の変貌は、一九二三（大正一二）年の関東大震災のあとに訪れた。震災で出た膨大な灰燼《かいじん》の処理に困り、川や堀に投げ込んだのである。

●河川をめぐらせていた銀座界隈

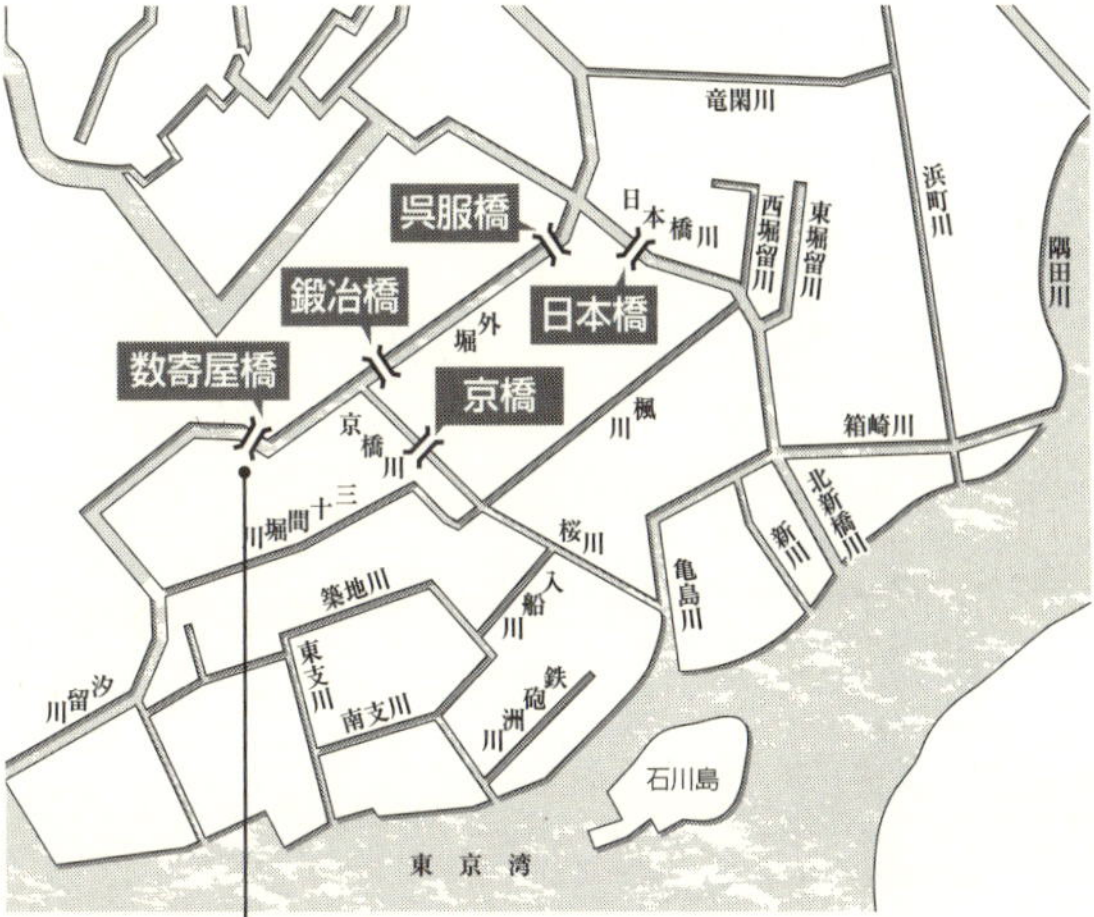

数寄屋橋跡

数寄屋橋は1629（寛永6）年、江戸城外郭見附として架けられた。現在は、菊田一夫筆「数寄屋橋此処にありき」と刻んだ碑が建つのみであるそして決定打となったのが、東京大空襲だ。銀座界隈で焼け残ったのは服部《はっとり》時計店（現・和光）、松屋、松坂屋くらいで、大半は焦土と化し、結果、大量の瓦《が》礫《れき》がいたるところに積み上げられた。行き場もなく復興の妨げとなった瓦礫は、近くを流れる川や堀へとつぎつぎ投げ捨てられたのだ。

水辺の景観が失われたばかりか、水は淀みひどい悪臭を放つようになり、衛生面の問題も生じたため、本格的に埋め立てられることが決まったのである。舟が通れず、もはや浄化も困難であることから、「不要河川」と判断されてとられた策だった。

さらに、東京でのオリンピック開催が決まると、それに向けて準備が進むなか、わずかに残っていた一帯の河川も埋め立てられて、代わりに道路が整備された。

こうして、川や堀を舟が行き交い、橋のたもとには柳が揺れる江戸風情は、過去のものとなったのである。たしかに今の銀座を見ても、橋もかかっていない場所に、呉服《ごふく》橋、鍛冶《かじ》橋など「〇〇橋」という地名がたくさん残っている。

ラジオドラマ『君の名は』により、全国に名を馳《は》せた数寄屋《すきや》橋も同じ憂き目にあった橋である。一九五二（昭和二七）年から翌年にかけて放送され、のちに映画化もされた男女の運命を描いたドラマだ。空襲の最中、主役の男女が出会い、再会を約束した場所が、数寄屋橋だった。数寄屋橋の名は、交差点名として今に残され、その面影は、近くにある小さな公園には「数寄屋橋」と書かれた碑でしか確認できない。

川が地下を流れ、地下鉄が地上三階を走る特異な地形をもつ渋谷

渋谷もまた、高度成長期に大きく姿を変えた街のひとつである。

東京オリンピックに向けての準備が急がれた際、都内の各所で川をふたで覆い、その上を道路とする（暗渠《あんきょ》）策が進められたが、渋谷もそんな工事が行なわれたエリアである。

ふさがれた川は渋谷川。新宿御苑《ぎょえん》や明治神宮の池の水などが流れ込み、宇田《うだ》川などと合流して渋谷へといたる川である。地下に隠れてしまったため、あまり知られていないが、実際に今も存在する。暗渠となったあとも、渋谷駅の南側にある稲荷《いなり》橋のところで再び姿をあらわし、恵比寿《えびす》駅の方向へ流れている。

暗渠となった背景のひとつには、渋谷の地形が関係している。

道玄坂《どうげんざか》、スペイン坂、宮益坂《みやますざか》など、渋谷には坂が多く、渋谷駅からどこへ向かうにも坂を登らなければならない。駅周辺がすり鉢状の底にあたる地形だからだ。

それゆえ、かつては大雨が降るたびに、渋谷川の水があふれ、一帯が水浸しになるという問題があった。

そこに高度成長の波が押し寄せ、渋谷川で水質汚染が進み、悪臭を放つようになった。

こうした状況を受けて、渋谷川ではコンクリートによる護岸工事が行なわれ、川の上にふたがされたのである。キャットストリートは、かつては渋谷川歩道と呼ばれた通りで、暗渠となったのは一九六一（昭和三六）年ごろのことだ。

渋谷のこの特異な地形は、今日のユニークな街を生んできた。

たとえば、東急百貨店東横店東館。二〇一三（平成二五）年三月に閉館してしまったが、ここは川の上をまたぐように建てられた珍しいデパートだった。渋谷川が流れているため、地下一階の売り場がなかったのである。

また、銀座線の渋谷駅が地下鉄でありながら、地上三階に設けられたのも、この地形のためである。銀座線はいち早く戦前に開通し、比較的地下の浅いところを通っている。渋谷まで路線を延ばす際、大きく勾配をつけて谷底をくぐらせるより、あまり高さを変えずに地上を走らせるほうが、コストも安く、かつ容易だったからだ。

結果、渋谷駅では地下鉄銀座線が地上の三階で、その下（二階）にＪＲが走るという不思議な状況が生まれたのである。

渋谷駅周辺は現在も、再開発が進められている。東急東横線は渋谷駅と代官山《だいかんやま》駅の間の約一・四キロが地下化し、二〇一三年三月、渋谷ヒカリエ地下五階に東横線の渋谷駅が移って、副都心線との相互直通運転が始まっている。渋谷の変貌はまだまだ続きそうである。

内回りと外回りを走る東京の大動脈 じつは環状線ではなかった山手線

東京の通勤電車の大動脈として知らぬ者はいないＪＲ山手線。駅は全部で二九あり、距離にして三四・五キロの路線である。多くの人は、この山手線を内回りと外回りを走る環状線だと思っているだろう。だがじつは、山手線は都内を一周する環状線ではない。

高度成長期まで駅が増えるなど形を変え続けてきた結果、そのように見えるだけだ。

山手線が運転を開始したのは、一八七二（明治五）年。新橋～品川駅のみの開業で、新橋駅は現在地から約三〇〇メートル東の汐留にあった。その後、線路と駅が新設され、ひと回りできるようになったのは一九二五（大正一四）年。昔の路線図を見ると、今では当たり前となった駅の多くが存在していなかったことがわかる。

山手線の各駅間の距離を見ると、最長区間が田町～品川駅の二・二キロ。一方の最短区間は西日暮里《にしにっぽり》～日暮里駅で、たったの五〇〇メートル。西日暮里駅の開業は一九七一（昭和四六）年であり、日本が驚異的な発展を遂げていた時期である。わずか四〇年ほど前の話である。それだけ新しい時代まで発展を続けてきた路線なのだ。

その山手線が環状線ではないというのは、運営・管理は統合されているものの、鉄道の戸籍ともいえる運転系統では異なるグループに分かれるからだ。田端～池袋～新宿～品川駅が山手線であり、ここに含まれない田端～東京駅は東北本線、東京～品川駅は東海道本線の管轄である。それだけではない。新宿～代々木駅と東京～神田駅は、正式には中央線だ。つまるところ、田端～品川駅は山手線の環を構成するとはいえないのである。

とはいえ、山手線がグルグルと環状に走っているのは事実。とすると、ほかの路線と同様に始発駅と終着駅はどうなっているのか。

時刻表をもとに始発と終着を検証してみると興味深い。二〇一三（平成二五）年一月の時点で、外回りの電車がいちばん早く発車するのは池袋駅で時刻は四時

●山手線の歴史

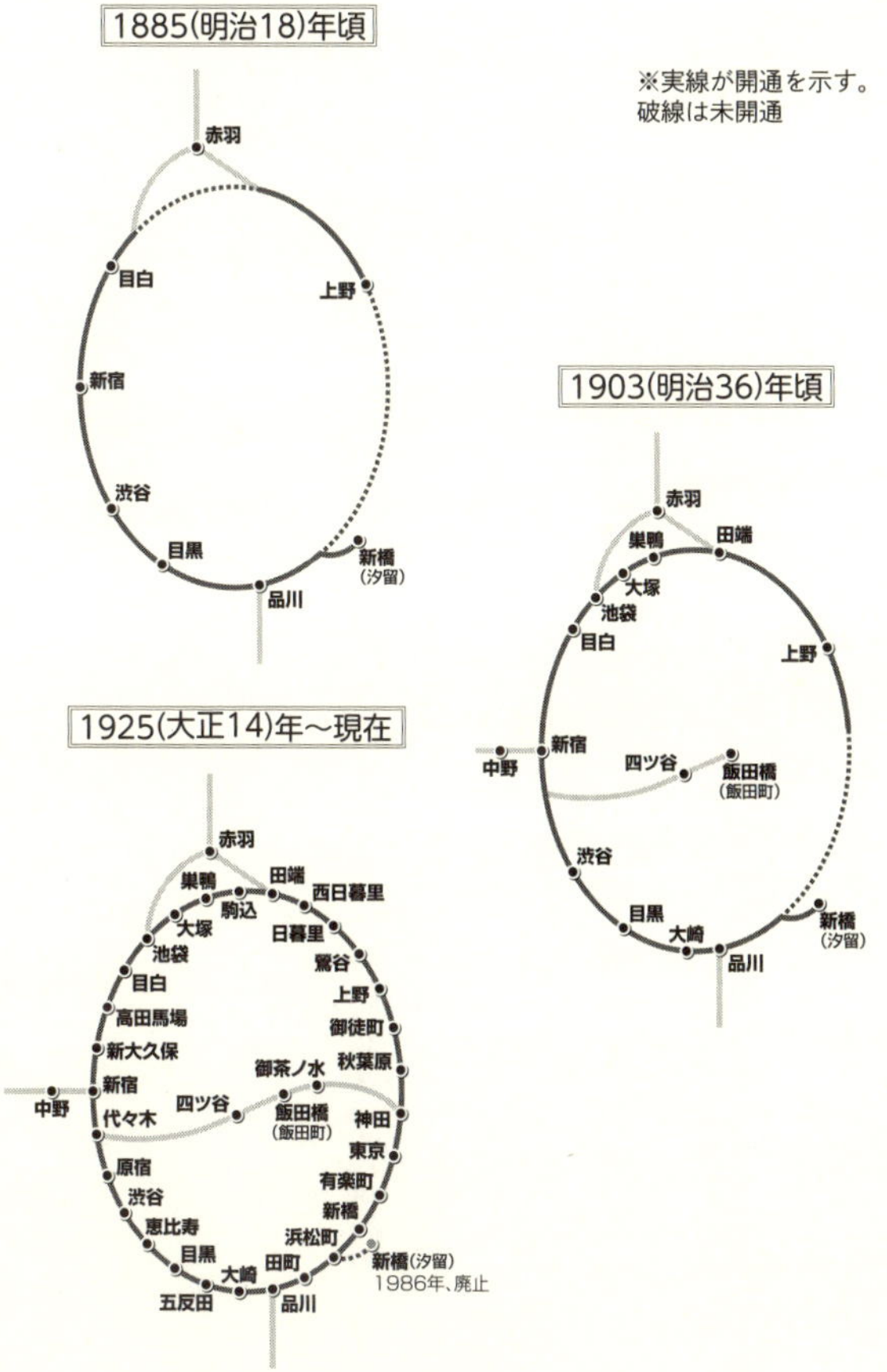

(参考：『ぐるり一周 34・5 キロ　ＪＲ山手線の謎』松本典久)

二十六分。それに対して内回りの一番電車は大崎駅で、四時三十分に発車する。

一方、到着時刻が最も遅い山手線の駅は、外回りも内回りも品川駅。外回りが一時十四分、内回りが一時十八分着である。

つまり、時刻表では、山手線の始発駅は大崎と池袋駅、終着駅は品川駅と考えられる。

だが、深夜の山手線のなかには、品川止まりに加え、大崎止まり、池袋止まりという電車がある。さらに運行上、田町駅を始発とする電車もある。山手線の始発駅は大崎、池袋、田町駅、終着駅は品川、大崎、池袋駅とも考えられなくはないのである。

路面電車の都電がつぎつぎと消えるなか、なぜ荒川線だけが残れたのか？

　かつて銀座の目抜き通りにも走っていた路面電車。都電として人々に親しまれ、重要な移動手段として利用されてきた。一九五〇年代には、一日当たり一七五万人もの乗客数を記録したといわれる。都電の路線は、都内に網の目のように張り巡らされ、全路線数は四一にものぼり、勤め人にはなくてはならない乗り物だった。

　それが一九六〇年代に入って、状況は一変。利用者が激減して都電は赤字を計上、都の財政を圧迫するとしてつぎつぎと廃止されることになる。

一九七二（昭和四七）年には、路線総数が六線になるほど急激に減少し、それでも二億円を超える赤字を生む事業になっていた。その後も利用者が減り続けた結果、荒川区の三ノ輪《みのわ》橋から王子駅前や大塚駅前を経由して新宿区の早稲田《わせだ》まで伸びる、全長一二・二キロの都電荒川線だけが残されることとなった。

なぜ、都電がつぎつぎと消えていくなかで、荒川線のみが生き残ったのか。複数の理由が挙げられるが、やはり時代の変化が大きく影響している。

世はまさに自動車の時代へと大きく転換した。急速に増える自動車は当初は都電と仲よく肩を並べるように走っていたが、自動車の交通量の急増を受けて都の公安委員会が「都電は自動車の交通渋滞を引き起こす元凶だ」と認定。

そのうえ、一九五九（昭和三四）年には、それまで禁じていた自動車の都電用スペースへの進入規制を解除した。路面線路の上を自動車も走ってよいと認められたのである。

いうまでもなく、渋滞に巻き込まれるのを歓迎する車の運転者はいない。すきあらばと、自動車がつぎつぎと都電の走るスペースに入って走行する現象が起きた。

その結果、都電の進行が自動車によって邪魔される問題が深刻化。今度は都電がダイヤ通りに走ることができなくなってしまった。「所要時間がかかりすぎる」「遅延ばかりで到着時刻が読めない」と、都電が敬遠されるようになった。そのため、都電の利用者は減り、経営が成り立たなくなってしまったのである。

ところが、荒川線だけは専用の軌道を確保していたため、自動車に邪魔されずに運行できたのである。バス路線を新設するには難しいルートであることも幸いした。

加えて、存続を熱望する地元住民や利用者の熱い声が当時の美濃部《みのべ》東京都知事に届けられ、知事は荒川線存続を宣言。そして一九七四（昭和四九）年、三ノ輪〜赤羽系統と荒川車庫前〜早稲田の系統の都電が統合され、荒川線として生き延びることができたのである。

駅の名称と場所が二度も変わっていた
表参道駅の数奇な運命

東京メトロの表参道《おもてさんどう》駅は、数ある地下鉄の駅のなかでも一、二を争う華やかなロケーションにある。改札を出て地上に出れば、そこは表参道の交差点。原宿駅界隈、竹下通り、青山通りなどへ向かう人の群れであふれている。

高度成長期には地下鉄網の整備が急がれ、相次ぐ変更や調整が行なわれた。銀座線、半蔵門《はんぞうもん》線、千代田線の三線が通っている表参道駅もまた、この形になるまでに紆《う》余曲折《よきょくせつ》をたどった駅のひとつである。

そもそも、銀座線の駅が開業した当初は「表参道」という名称ですらなく、「青山六丁目」駅とされていた。この「青山六丁目」から「表参道」へと、すんなり変更されたわけではない。一九三九（昭和一四）年には、いったん「神宮前」駅となっている。表参道という駅名になったのは、一九七二（昭和四七）年のこと。今の駅名は、二度の変更を経て生まれたものだったのである。

変更されたのは駅名だけではない。じつは、銀座線表参道駅の場所も、二度の引っ越しを経験している。開業当初、まだ「青山六丁目」駅だったころは、青山通りの渋谷寄りの地中に位置していた。現在の場所からすると、一八〇メートルも離れていたのである。

駅の移設には、高度成長期の路線の新設や拡充が関係していた。ほかの路線が加わって、込み合ってきたため、利用者の便をはかる必要が出てきたのだ。

表参道駅へと名称が変わった一九七二年には、表参道交差点から原宿駅方面へと伸びる千代田線が開業。この年に、それまでの神宮前駅から現在の表参道駅へと変更されたのは、この千代田線の新駅に「明治神宮前」駅が誕生し、二駅の区別が紛らわしくなったからである。

ところが、千代田線開業によってある問題が生じてしまう。千代田線の開業で誕生した「表参道」駅と銀座線の同名の駅は、地理的な関係から乗り換えが非常に不便だった。交差点から一八〇メートル離れた銀座線表参道駅と、現在と同じ交差点付近に位置する千代田線表参道駅。同じ駅とは思えないほど距離があったうえ、乗り換えるためにはいったん地上に上がり、再び地下に潜らなければならなかったのだ。

せっかく新たな路線が生まれても、乗り換えがスムーズにできないのでは意味がない。そこで、銀座線表参道駅の大規模な引っ越し計画が練られたのである。このとき、新たに渋谷駅から路線が伸びてくる半蔵門線との兼ね合いも考慮され、計画が進められた。

まず、銀座線の駅を仮駅へ移動させる第一回目の駅移動が行なわれた。仮駅は以前の場所から浅草方面寄りの青山通りの下。この仮駅を利用者は、一九七六（昭和五一）年一二月から、翌年の一一月までの一年間使用することになった。

この移転のなか、銀座線のトンネルを両側から取り囲むようにする形で半蔵門線のトンネル建設工事が進められた。そして第二回目の引っ越しが実行に移される。銀座線の仮駅を渋谷寄りに戻し、現在と同じ位置に新たな駅を誕生させた。すなわち表参道の交差点の直下である。

ただし、大規模な引っ越し工事はこれで完成したわけではなかった。トンネルを延ばした半蔵門線の表参道駅ホームづくりが残されていたからだ。乗り換えも考慮され、半蔵門線のホームは銀座線と同じホームを利用することになった。銀

●二度にわたる表参道駅の引っ越し

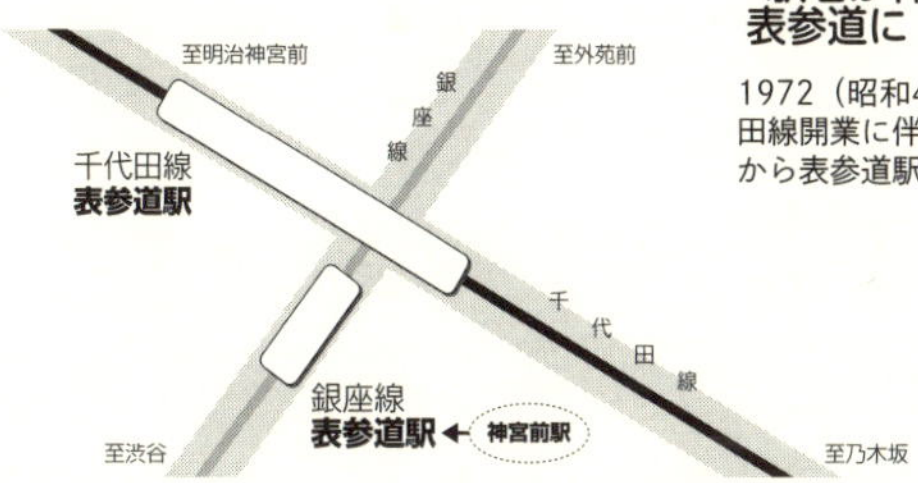

・駅名が神宮前から表参道に

1972（昭和47）年、千代田線開業に伴い、神宮前駅から表参道駅に改称

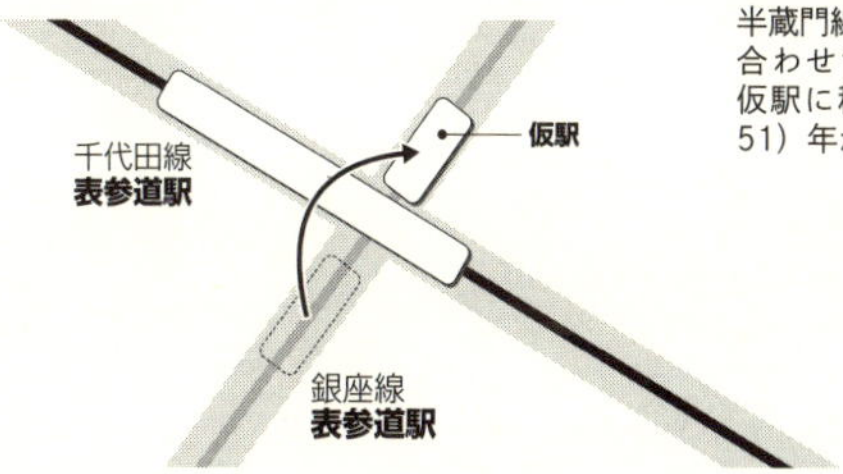

・1回目の引っ越し

半蔵門線のトンネル建設に合わせて、銀座線の駅を仮駅に移設。1976（昭和51）年から1年間使用

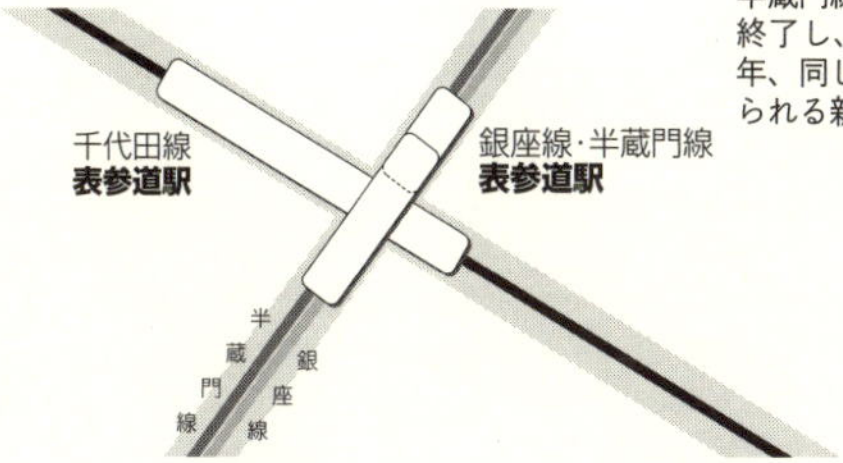

・2回目の引っ越し

半蔵門線のトンネル工事が終了し、1978（昭和53）年、同じホームで乗り換えられる新駅が完成

（参考：『東京メトロのひみつ』ＰＨＰ研究所編）

座線ホームの両側の壁を取り崩し、できたスペースに半蔵門の電車が滑り込むレールが敷かれた。

半蔵門線のトンネル工事が終了し、銀座線と半蔵門線が同じホームで乗り換え可能な新駅として完成したのは一九七八（昭和五三）年のこと。千代田線も、銀座線と半蔵門線ホームの真下に位置する構造となり、乗り換えが便利な駅へと変貌を遂げたのである。

このような二度の名称変更、二度の引っ越しを経た銀座線表参道駅の歴史は、意外と知られていない。

地下鉄路線図に載らない秘密路線と公園の地下に眠る地下鉄車両の真相

それぞれの路線のカラーで示される東京メトロの路線図。これに都営地下鉄の路線が加わると、都内の地下にいかに縦横無尽に線路が敷き詰められているかを実感する。だが、路線図で探しても見つからない路線が、じつは二線存在している。「秘密の地下鉄」ともいえる路線である。

そのひとつは、南北線の市ヶ谷《いちがや》駅から伸びている線路だ。これと有楽町線市ヶ谷駅がつなげられている。一般の乗車客が利用することはできないが、この路線が伸びている様子を確認することは可能だ。試しに有楽町線市ヶ谷駅のホームに立ち、和光市《わこうし》方面へと向かう線路を眺めてみるといい。本線とは別にもう一本の線路が暗闇に向かって伸びているのを確認できる。

路線図に載らないこの秘密の線路は、留置線《りゅうちせん》と呼ばれるもの。文字通り車両を留め置くための線路で、ラッシュ時を過ぎたあとや、終電後に停車させておく場所として設けられている。

この留置線にはもっと大規模なものがある。その代表例が、日本が発展に沸いていた時代を映すようにつくられた代々木公園駅留置線だ。代々木公園は東京オリンピックの選手村の跡を利用して設けられたものだが、留置線は追加する形で一九七〇（昭和四五）年に開園した区域の地下約一五〜一八メートルにある。

ここは公園の下を掘ってつくったのではなく、留置線と公園の両方の工事が並行して進められたものだ。千代田線明治神宮前駅寄りに位置しており、夜間ともなると八本もの車両がずらりと並んで、翌朝のラッシュに備えている。

同じように地上は公園で地下は留置線がある場所として、南北線の王子神谷《おうじかみや》駅近くの神谷堀《かみやぼり》公園地下がある。代々木公園の留置線ほどの規模はないが、最大五本の車両を留め置きすることができる。

代々木の留置線が公園と同時に誕生したのと対照的に、神谷堀公園地下の留置線はすでに存在していた神谷堀公園をいったん閉鎖して建設が進められた。公園を掘り返し、地下に二層式留置線を建設したのである。留置線が完成したあと、地上の公園を復元。人工だが池も配しており、地下に留置線があるとは想像しに

●秘密路線①（南北線市ヶ谷駅～有楽町線市ヶ谷駅）

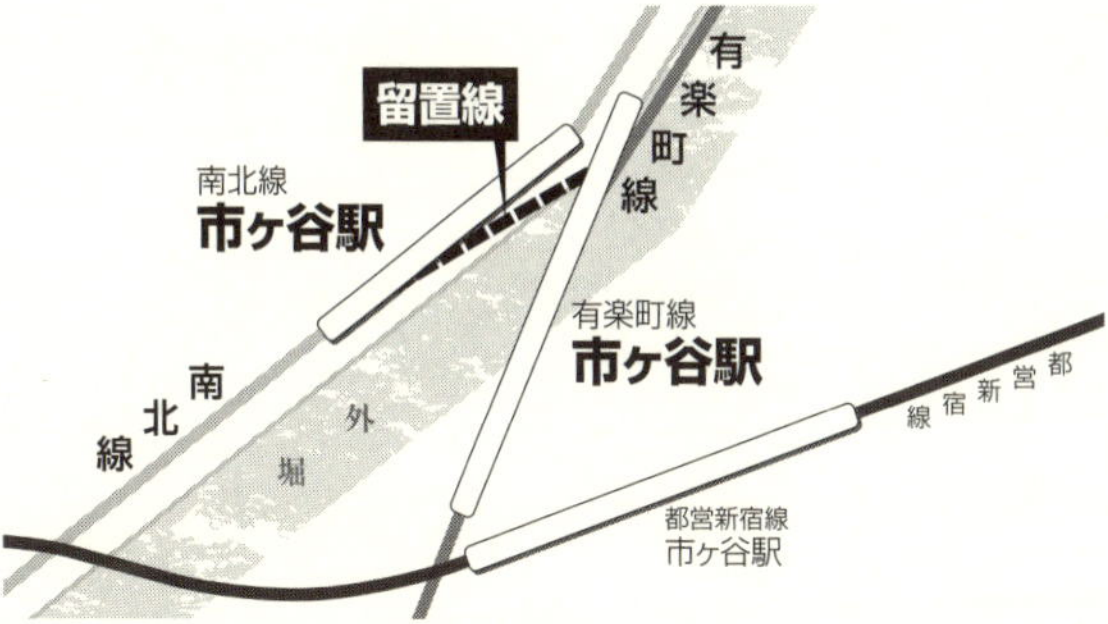

●秘密路線②（有楽町線桜田門駅～千代田線霞ヶ関駅）

くい場所である。

さて、もう一本の秘密の路線は、別名「秘密のトンネル」とも呼ばれる「八・九号連絡側線」。こちらは千代田線霞ケ関《かすみがせき》駅と有楽町線桜田門《さくらだもん》駅の間を結んでおり、距離にして六〇〇メートルほどの路線だ。国会議事堂の正門前の交差点付近の地下に、人知れず線路が敷かれているのだから少々不気味ともいえる。

この目的は、千代田線の北綾瀬《きたあやせ》駅近くにある綾瀬車両基地へと車両をスムーズに回送すること。ここで車両の整備・点検が行なわれている。綾瀬車両基地は千代田線に加え、有楽町線と副都心線、南北線の車両を対象としている。

南北線の車両の場合、市ヶ谷駅から伸びる留置線を利用し、やや複雑な経路をたどって車両基地へと向かう。留置線を使ってまず有楽町線に入り、その後、桜田門~霞ヶ関の連絡線を使って千代田線の綾瀬車両基地へと移動する。

この連絡線は、二〇一一年まで新木場《しんきば》~小田急線本厚木《ほんあつぎ》駅を走る臨時特急「ベイリゾート号」が走行する際に使われていた。つまり、一般の乗客でも秘密のトンネルを体験できたのである。しかし現在、臨時特急の運行は休止されており、残念ながらこの連絡線を通る体験はできない。

それでも東京メトロによると、不定期ではあるものの、イベントなどで連絡線を走らせる臨時列車があるという。もし機会があれば、参加してみてはどうだろうか。

路線図に掲載されない線路を走るのもオツなものである。

弥生式土器ゆかりの弥生町の名前が残っているのは詩人サトウハチローのおかげ？

弥生《やよい》式土器というと、縄文時代に続く時代の遺物である。縄文式土器が東北地方で数多く発掘されていることもあり、弥生式土器も地方発祥と思われがちだが、歴史的には東京が由来の土器である。その証ともいえる地名が文京区にある弥生町だ。

一八八四（明治一七）年に、この地の貝塚から土器が出土。その後、一九七四（昭和四九）年に、類似した土器片を小学校の児童が発見し、大規模な発掘調査が展開されることになった。そして、この一帯が町名にちなんで「弥生二丁目遺跡」として国の史跡に指定され、古代日本の一時代「弥生時代」の名のもととなったのである。

弥生町は東京大学のキャンパスの一部を含んだところにある。東京メトロ本郷三丁目駅を地上に出て、本郷通りを東大に向かって進み、右に有名な赤門、安田講堂が見える正門を通り過ぎ、言問通《ことといどお》りを越えた一帯が弥生町だ。言問通りを右折した先には、町名にちなんだ「弥生坂」がある。この弥生坂の途中に「弥生式土器発掘ゆかりの地」と刻んだ石碑が立っている。

そもそも、なぜこの一帯が弥生町と命名されたのか。

それは江戸時代末期にこの地に水戸藩主・徳川斉昭《なりあき》の屋敷があったことと関係している。斉昭が詠んだ歌に「文政弥生十日の桜が咲き乱れていた」というものがあり、歌碑にして屋敷の庭に建てられていた。現在の東大農学部、地震研究所の建つ地が歌碑のあった場所で、明治時代の初期、上野から向こうに丘が見えた。そのため、斉昭の屋敷が町屋として開放された際、地名が「向丘弥生町《むこうがおか》」と命名されたといわれている。弥生式土器発掘の地、そして徳川御三家の水戸藩主の歌にちなんだ町名として、弥生町は、由緒ある地名ということができる。

ところが、そんな地名が消滅しかかったことがある。東京オリンピックに沸く一九六四（昭和三九）年のことだ。この年、政府は住居表示に関する法律を制定。それに従って、向丘弥生町は隣に接する「根津《ねづ》一丁目」に編入されることが決まったのだ。

この町名変更に地元住民たちは、真っ向から反対する声を上げた。なかでも先頭に立って反対運動を推し進めたのが、詩人として名高いサトウハチロー氏である。歴史ある弥生の名を消さないようにと、住民らとともに町名変更の取り消しを求める行政訴訟にまで打って出た。

裁判の結果、住民側の訴えが認められ、晴れて弥生町の名は存続することとなった。こうして今でも「文京区弥生一丁目、二丁目」として引き継がれている。

第3章

交通の発達にみる東京の過去・現在・未来

どこからどこまでを「江戸前」と言うのか？水産庁の定義とは？

現在の東京を眺めて、「さすがにもう地形が大きく変わることはないだろう」と思うかもしれないが、そんなことはない。東京湾の埋め立ては続いているし、再開発エリアもつぎつぎ誕生し、東京はまだまだ変わり続けているといっていい。遠くない将来、「平成時代の東京は、今とはずいぶん違うものだ」と驚くことがあっても不思議ではない。

そうしたなか、東京を位置づける「江戸前」という言葉が揺れ動いている。辞書をひもとけば、文字通り「江戸の前の海」であり、芝《しば》や品川あたりの近海を指していると記されている。加えて、その近海でとれた新鮮な魚や料理が江戸風である、といった説明がなされている。たしかに江戸前と聞けば、寿司や海鮮料理をイメージする人も多いだろう。

では、何が問題で揺れているのか。

●「江戸前」の範囲

江戸川
千葉
品川
羽田
川崎
三浦半島
富津岬
観音崎
房総半島
剣崎
洲崎
江戸期の「江戸前」
東京内湾
東京外湾

それは、「江戸前」という表現が、東京湾のどこまでを指しているのかという点だ。言い換えれば、江戸前といえる漁場の範囲はどこなのかということである。「江戸前でとれた魚」というお墨付きを得られるか否かは、漁業関係者や魚を扱う仕事をしている人にとって大きな問題である。

これは、じつは今にはじまった問題ではなく、ずいぶん昔からさまざまな議論がなされてきた。その証としてあげられるのが、一八一九（文政二）年の魚問屋の文書。江戸幕府から江戸前の範囲について問われ、およそのところ「西は品川洲崎《すさき》一番棒杭から羽田《はねだ》地先海面、東は深川《ふかがわ》洲崎松棒杭を見とおした内側の海」と返答している。そもそも江戸前という表現と魚が結びついたのは、一七〇〇年代前半の享保年間からだと言われている。

現在、ひとつの説として、三浦半島の観音崎《かんのんざき》と房総半島の富津《ふっつ》岬を結ぶ線の内側を江戸前とする内湾説がある。

一方、もっと広い範囲を江戸前とする説もある。三浦半島の先の剱崎《つるぎざき》と房総半島の先の洲崎《すのさき》を結ぶ線までとする外湾説、さらに相模湾にまで広がる範囲と主張する説などだ。

そうしたなか、近年になって公の見解が示されている。水産庁が設置した「豊かな東京湾再生検討委員会食文化分科会」が、二〇〇五（平成一七）年八月に発表したもので、外湾説を採用したのである。

簡単に言うと、水産庁は東京湾全体が江戸前と主張していることになる。「魚は東京湾のなかを自由に泳ぎ回っているから、内湾で線引きをしても意味がなく、漁場の区別もできない」と説明しているが、賛否両論を呼んでいる。

えっ、存在していなかった⁉「埼京線」なる路線の真実

埼京線《さいきょう》と言えば、埼玉県南部から東京へ通勤、通学する人々の足として利用されている。開業当初と比べて運転区間が大幅に延び、二〇〇二（平成一四）年には東京臨海高速鉄道りんかい線との相互乗り入れもはじまった。池袋、新宿、渋谷からお台場まで乗り換えなしで行けるようになり、ますます便利になった。

すっかりおなじみの電車であるだけに、「埼京線という路線はない」と言えば、驚く人も多いかもしれない。じつは、埼京線は正式な路線名ではなく、運転系統の呼称。言ってみれば愛称である。埼京線の電車はほかの路線を利用して走っているにすぎない。つまり、埼京線独自の線路というものが存在していないのである。

今では大宮駅と大崎駅の間を結んでいるＪＲ東日本の路線だが、細かく見ていくとその事実がわかる。大宮～赤羽駅は東北本線の別線の線路を使っている。そ

●愛称「埼京線」の内訳

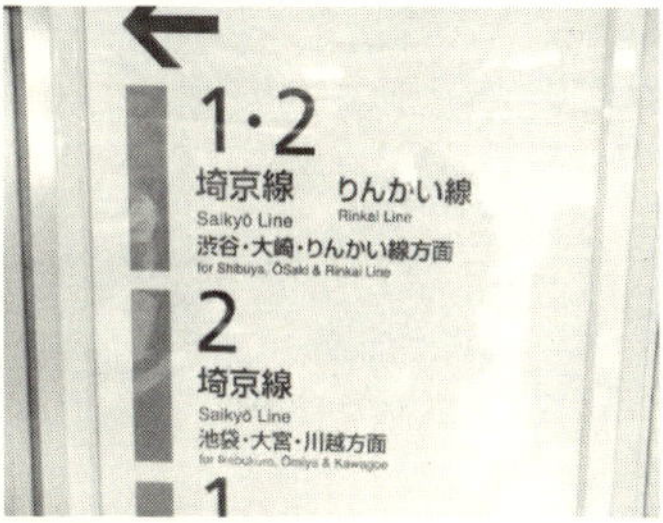

駅の案内板では埼京線と書かれているが、正式な路線名ではない。東北本線、赤羽線、山手線からなる複合路線

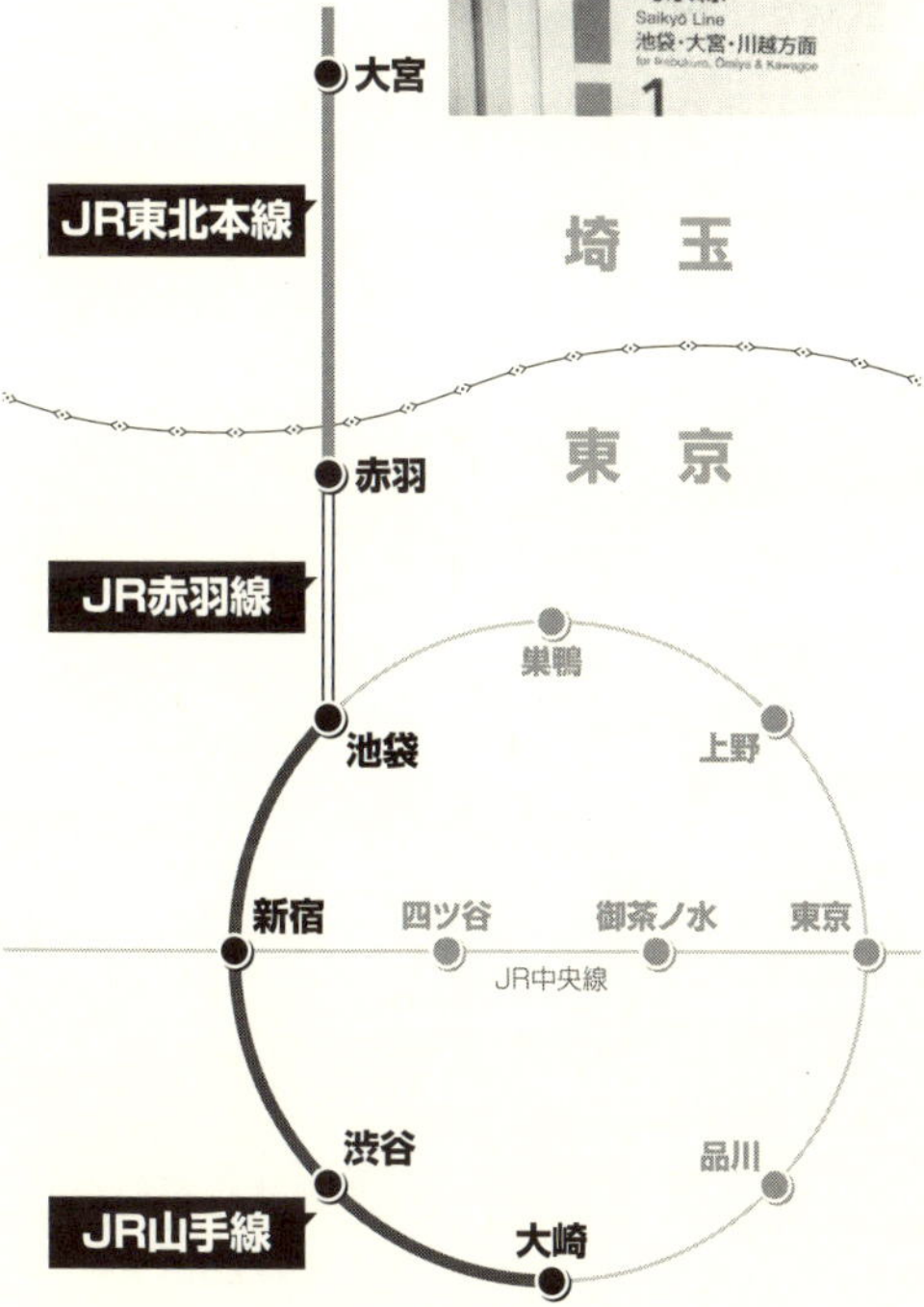

して、赤羽～池袋駅は赤羽線、さらに池袋～大崎駅は山手貨物線の線路を使っているのだ。

最後の山手貨物線というのは、一般利用客にはなじみがないが、山手線と並行して走る貨物路線。近年では貨物列車をあまり走らすことがなくなり、湘南《しょうなん》新宿ラインなども乗り入れて、実質的に旅客用路線になりつつある。

その湘南新宿ラインも、じつは独自の路線がなく愛称である。新たな線路を敷いたわけではない。こちらは山手貨物線に加え、東海道本線や横須賀《よこすか》線の線路を走っている。

ほかにも同じ例として京浜東北線がある。東北本線、東海道線、根岸線の線路を利用し、大宮と大船《おおふな》を結んでいるのだ。

余談だが、埼京線の大宮～赤羽駅が東北本線の別線であるのは、東北新幹線の建設計画と関係している。一九七一（昭和四六）年に当時の国鉄が建設ルートを発表したところ、埼玉県南部から猛烈な反発が起きた。建設工事や新幹線の運行による騒音や振動といった問題ばかりでなく、「新しく新幹線を通すより前に、朝のラッシュをなんとかしてほしい」という要望が強かったのだ。当時、全国でワースト・ワンと言われるほど通勤ラッシュがひどい状況だったのである。

交渉の末、当時の浦和《うらわ》市、戸田《とだ》市、与野《よの》市などの自治体は、新たな通勤路線と引き換えに新幹線建設を承諾。それが大宮～赤羽間の東北本線別線となった。そして一九八五（昭和六〇）年から、埼京線の名で電車が走るようになったのである。

そもそも東京の地下鉄はなぜメトロと都営に分かれているのか？

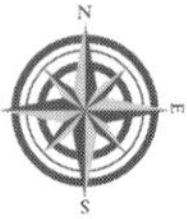

都内を地下鉄で移動する際、「なぜ地下鉄は、メトロと都営のふたつに分かれているのか?」と疑問に思ったことはないだろうか。東京メトロと都営地下鉄を乗り継ごうとすると、移動や料金面をはじめ、不便な点も少なくない。

二〇一二（平成二四）年一二月には、都知事選で地下鉄一元化を公約に掲げた猪瀬《いのせ》直樹《なおき》氏が当選したが、一年後の二〇一三（平成二五）年一二月に辞任。

現状ではまだまだ難題が山積し、時間はかかりそうだが、明るい兆しがあることも確かである。そのひとつに、九段下《くだんした》駅の都営新宿線、メトロ半蔵門線のホームを隔てる壁の撤去工事がある。工事は二〇一三（平成二五）年三月に終わり、ホームが隣接しているのに階段を上って改札を通らなければならない面倒が解消された。料金の乗り換え割引の適用なども始まっている。

地下鉄がふたつに分かれてしまった状況は、複雑な歩みをたどるなかで生じたものだ。

じつは、戦前の一九三八（昭和一三）年に「陸上交通事業調整法」が施工され、交通機関は地上を走る鉄道も含めて、ひとつにまとまるはずだった。ところが、具体的な話し合いを進めていくと、調整は難航し、鉄道はまず地下と地上とに分けられることになる。

そして、地下鉄については、帝都高速度交通営団が唯一の事業者として設立された。当時の東京市、私鉄会社の路線を引き継いで、地下鉄網の拡充を進めることとなったのだ。

ここに東京都が加わったのは、戦後、高度成長期を迎えてからのこと。人口の急増に対応するためにインフラ整備を急ぐなか、地下鉄すべてを都営にしようと動いたのである。しかし、営団も国もこれを認めなかった。そこで都は、一部の路線だけでも手に入れようと方針を転換。営団が計画していた浅草線の免許・許可を譲り受けたのである。

営団にしてみても莫大な費用のかかる新規建設計画を数多く抱えていたから、都が一部を自前の資金で行ない、路線整備にかかる期間を短縮するという提案には利点があった。その後、整理合理化が進められ、営団の民営化が決定。二〇〇四（平成一六）年に東京地下鉄株式会社（東京メトロ）が誕生した。

このとき、都営と営団の一元化の好機ではあったのだが、当時、都営地下鉄は大赤字に苦しんでいる最中。大江戸線を開通させたばかりで、とても余裕がなかったのである。

その後、都営地下鉄は黒字化し、一元化に弾みがついたのである。利用する側のメリットが増えるのなら大歓迎という都民の声は、先の選挙の結果にもはっきりあらわれている。

はじめはコンクリート製を予定していた東京駅 レンガ造りに変更されたある理由

東京駅と言えば世界でも有数の規模を誇る駅である。一日に発着する電車の数は三〇〇〇本にものぼる。

その東京駅丸の内駅舎が、二〇一二年一〇月、一九一四（大正三）年の創建時の姿でリニューアルした。国の重要文化財にも指定されている赤レンガの建物は、まわりの鉄筋コンクリートのビル群とは異なり、風格を感じさせる。

この赤レンガ造りこそ東京駅の特徴であるが、創建時の計画では、なんと鉄筋コンクリートの駅舎になるはずだったのだ。一八九〇（明治二三）年、皇居から一直線につながる位置に新たに中央駅を設け、近代日本のシンボルとすべく立てられた計画である。当時としては最先端の素材だったコンクリートを使うことは、近代化の象徴だったからだ。

ではなぜ、それがレンガ造りになったのか。

そこにはこんな逸話が伝わっている。この計画の陣頭指揮を執ったのは、東京大学建築学科主任教授の建築家の辰野金吾《たつのきんご》である。彼は明治・大正期の建築の第一人者であり、はじめこそ、コンクリートを使うことを検討していた。

しかし、新素材であるコンクリートを扱った経験はなかった。そこで、神戸にコンクリートで建てている建物があると聞き、視察に行く。ドロドロとした液体（セメント）を目の当たりにした辰野は唖然《あぜん》となった。地震の多い日本だけに、こんなドロドロとした素材では心もとないと感じたらしい。こうして、これまで通りのレンガを使う工法に戻されたという。

いまでこそ笑い話のようだが、それが結果的には、格調ある駅舎を生んだのである。

腐りにくいマツの杭を地中深くに打ち込んで基礎工事を行ない、レンガと鉄骨を構造材とし、化粧レンガを施して三階建ての駅舎をつくり上げることとした。一九〇〇（明治三三）年に着工したものの、時代の波を受けて戦費の調達のために中断され、六年後にようやく本格的に工事がはじまっている。

関東大震災でも倒壊せずに強度の高さを実証したが、一九四五（昭和二〇）年の空襲で屋根と内部が焼失。戦後、復旧されたときには、八角形のドーム型屋根が角錐型に変えられていた。今回のリニューアルでは、そうした変更も元に戻されたのである。

　復元を終えた東京駅は乗降客も増えて経済効果を生んでおり、さらなる歴史を刻みつつある。

いったいなんのため？原宿駅に三つもホームがある不思議

大勢の若者や外国人で常ににぎわうＪＲ山手線の原宿《はらじゅく》駅。時代の先を行くファッショナブルなイメージだが、じつは昔ながらの伝統を色濃く残した駅である。

駅の歴史も古く、一九二四（大正一三）年につくられた都内最古の木造駅舎だ。

これは二代目というべきもので、もともとの原宿駅は一九〇六（明治三九）年、現在地より少し代々木駅寄りのところに設置されていた。今では想像しにくいが、当時は人の乗り降りよりも、農作物を運ぶ貨物駅としての役割が主だった。

今の位置まで移転したのは、明治神宮が完成し、参拝に訪れる人々で利用客が急激に増えたためである。大混雑を緩和しようと参道に近いところへ移したのである。柱や梁《はり》などの骨組みをむき出しにするハーフティンバー様式という木造建築構造を採用し、屋根に塔があるのも大きな特徴である。

原宿駅をよく利用している人ならわかるが、いつも使われているホームのほか

●原宿にある3つのホーム

手前が通常のホームで、線路を挟んで向かい側にあるのが臨時ホーム

一般人の立ち入りはできない皇室専用のホーム。お召し列車が発着する

に、別のホームらしきものを目にするはずだ。いつも使われるホームは「島式」と呼ばれるタイプで、外回りと内回りの電車がひとつのホームの両側に停まる。一番線と二番線があるだけで、乗降客が多いわりにはこぢんまりしている。

原宿駅には、この通常のホームのほかに、あとふたつのホームが存在する。ひとつは山手線の外回りの線路を挟んで、通常のホームの反対側にあるもの。停車してもこちら側のドアは、いつもは開かない。でも、お正月だけは別である。初《はつ》詣《もうで》客のために年のはじめだけ使われる臨時ホームなのだ。

明治神宮には三が日だけで三〇〇万人以上と、全国最多の初詣客が訪れる。そのおよそ三分の一がJR原宿駅を利用するのだから、追加のホームが必要になるのもうなずける。この臨時ホームには臨時改札口があり、明治神宮にすぐに出られるようになっている。

ふだんは表参道口から出て神宮橋をわたり、ぐるりと回らないと明治神宮に行けないが、このときだけは、臨時改札口から出入りでき、大回りをしなくてもすむようにしている。

さらに、この臨時ホームのほかに、少し離れた代々木駅寄りに短く低いホームがある。こちらは「宮廷ホーム」と呼ばれる皇室専用のものだ。皇族のために特別に運行される「お召し列車」の発着のために設けられ、正式には「原宿駅側部乗降場」という。一九二六（大正一五）年、大正天皇のためにつくられたが、近年では、お召列車が走ることもほとんどなくなり、使われる機会が少なくなっている。

水運で栄えたスカイツリーのお膝元 その昔、人が舟を引いて歩いていた!?

二〇一二（平成二四）年五月に開業し、東京の新名所となったスカイツリー。その高さは東京タワーの約二倍にものぼる六三四メートルで、自立式電波塔として世界一を誇る。地上波デジタル放送電波を送るため、NHKと民放キー局五社の構想から生まれた電波塔である。

スカイツリーには「心柱制震」という方法が用いられている。中心部に心柱を通して強度を確保することにより、世界一の高さを実現できた。これは古くは五重塔に使われた方法であり、昔の叡智《えいち》と最新技術の融合とも言える。

そんな新名所はアクセスのよさも大きな特徴だ。東武スカイツリーライン（東武伊勢崎《いせさき》線）、京成押上《おしあげ》線、東京メトロ半蔵門線、都営浅草線の四線が利用できる。東武鉄道の「業平橋《なりひらばし》駅」は「とうきょうスカイツリー駅」に改称され、四線がそろって通る「押上駅」にも「スカイツリー前」という副駅名がつけられた。

●スカイツリー界隈に残る「曳舟」の名

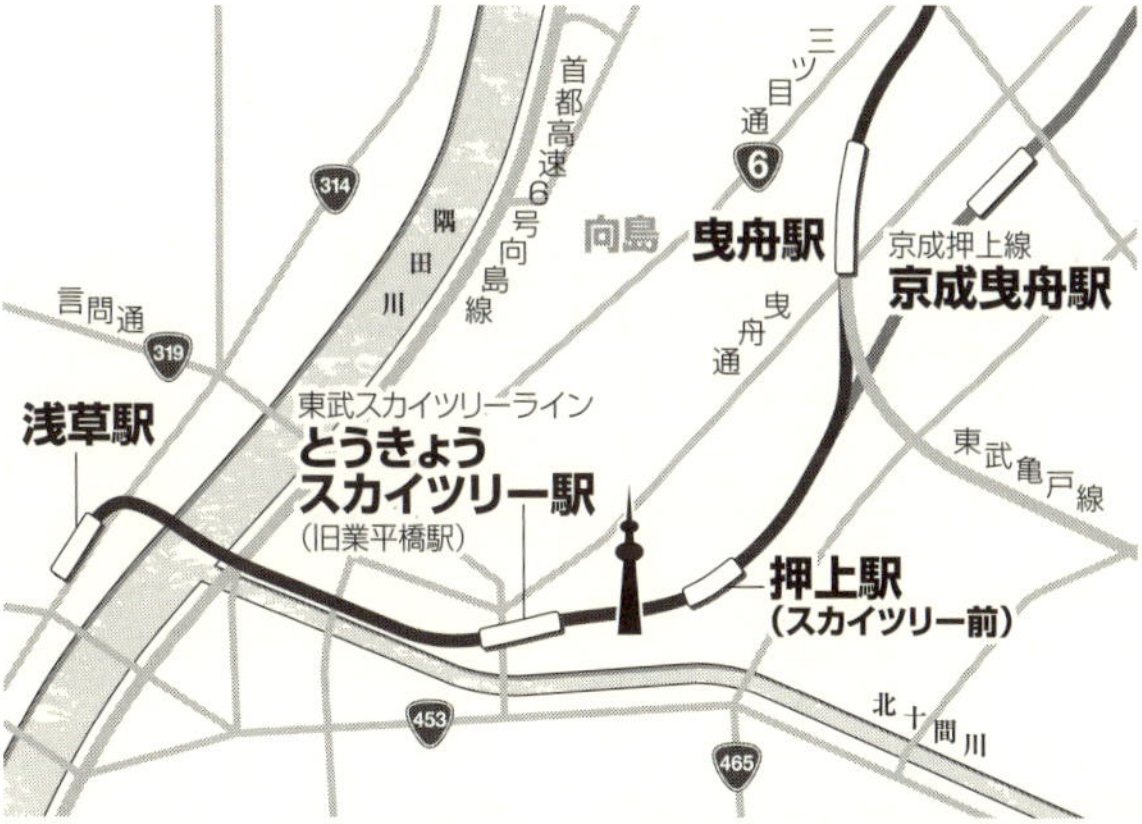

さらに、東京駅や羽田空港、東京ディズニーリゾートなどともシャトルバスで結ばれている。

そもそも墨田《すみだ》区押上は、東武鉄道が本社を構える地であり、同社の中心拠点とされてきた歴史がある。一帯の地名は明治時代には本所《ほんじょ》区小梅瓦町《こうめかわらまち》とされたが、これは瓦の生産が盛んだったためと言われている。

今や「とうきょうスカイツリー駅」となった駅は、一九〇二（明治三五）年に東武伊勢崎線が延びて「吾妻橋《あづまばし》駅」として設置されたのが最初だ。「吾妻橋駅」は一九一〇（明治四三）年に「浅草駅」に改称され、一九三一

（昭和六）年になると浅草線が開業したため、「浅草駅」は「業平橋駅」へと名を変えてきたのだ。そして今やスカイツリーにとって代わったのである。まさに「駅に歴史あり」だ。

駅の歴史もさることながら、地名をひもといても興味深いことがわかる。この地は江戸時代から物流に貢献してきた地である。当時は鉄道ではなく、水運に利用されていた。その名残りがあるのが、曳舟《ひきふね》という地名だ。町名にはないものの、東武鉄道の「とうきょうスカイツリー駅」「押上駅」の隣に位置する駅名にその名が残っている。

曳舟とは、人が引く舟のこと。舟の舳先《へさき》に結んだ縄を伸ばし、人が川の土手を歩いて引っ張って動かすのである。なんとも悠長な話だが、江戸時代にはそんな輸送手段が存在し、今では暗渠となっている曳舟川で行なわれていた。

この曳舟川は、干拓により生まれた本所に水を引くため、一六五八（万治元）年に現在の埼玉県鳩ケ谷《はとがや》市から引かれた本所上水を起源とする。水量や塩分など不安定な要素が多いことから、ほどなくして上水には使われなくなり、農業用水と水運に利用されるようになった。櫓《ろ》をこぐ方法ではなく人が引っ張ったのは、流れがゆるやかで土地が平らだったからだ。物資を運ぶほか人も乗せ、近辺の農民の副業になっていたようだ。

明治期になって鉄道が敷かれてからは、曳舟川ではなく、南側を流れる北十間《きたじっけん》川《がわ》が物流に利用された。業平橋駅に着いた荷は、ここで舟に積まれ、北十間川から隅田川や中川へと運ばれ、さらに全国各地へと散らばっていったのである。

一大オフィス街「丸の内」は利用価値のない荒れ野からはじまった

常に変化し続ける街――、東京駅から皇居の前まで広がる丸の内は、再開発が盛んに進められ、新しい高層ビル群がつぎつぎに出現している。今でこそ時代の先端をいくエリアのひとつだが、いつも注目の的だったわけではなく、激しい転変を繰り返してきた。

「丸の内」という地名は、江戸城郭の内側ということに由来する。一等地であるだけに、江戸時代には老中クラスをはじめ、十万石以上の譜代大名が江戸の上屋敷を構えていた。そのころは丸の内という地名はまだなく、「大名小路」と呼ばれていた。

これらの大邸宅は、一八五五（安政元）年、大地震により起こった大火で甚大な被害を受けてしまう。さらには明治維新によって、大名の役目はなくなり、その場所の意味も失うことになる。

●「三菱ヶ原」から「一丁ロンドン」へ

大正時代になると、レンガづくりの洋風ビルが建ち並ぶ（所蔵：国立国会図書館）

結局、焼け野原のような状態で軍用地とされ、皇居前ということもあって兵営が建てられた。その兵営もほどなくして移動してしまったため、夜間だけでなく昼間でも強盗が出没する物騒な場所となり、見渡すかぎりの荒れ野と化した。

今を知る我々には信じがたい話だが、明治政府はここを「利用価値のない土地」と判断。そして、少しでも財政の足しにしたいと、一八九〇（明治二三）年、三菱財閥の二代目・岩崎弥之助《いわさきやのすけ》に払い下げた。土地売却の入札には、誰も参加しなかったため、蔵相の松方正義《まつかたまさよし》が岩崎に半ば強引に話を通したのである。

もちろん岩崎に秘めたる目論見があったわけではなく、丸の内の購入は「お国のため」だった。周囲から貧乏クジを引かされたと揶揄《やゆ》されると、

「竹でも植えて虎でも飼えばいいさ」と、虚勢を張ったという。

実際には、岩崎は三菱ビル一号館を皮切りに四つのビルを建設した。だが、あとに続く動きはなく、近代的な四棟のビルが荒涼とした草原に建っている状態が続いた。「三菱ヶ原」と呼ばれていた時代である。それでも四棟のビルは、ロンドンのビルにも似たレンガづくりだったため「一丁ロンドン」との名がついた。

大きな変貌を遂げたのは、大正の世に入ってからだ。

一九一四（大正三）年に東京駅が開通し、駅から皇居前までの道路が整備されて、丸ビル、東京海上ビル、郵船ビルなどが建ち並ぶオフィス街として発展したのである。巨大なビルが並び、ビジネス街を形成したことから、今度は「一丁ニューヨーク」と形容されるようになった。

昭和に入ると、昼食時にビルから吐き出されるビジネスマンが利用する飲食店にも事欠くほど、数多くの企業が集まる一大ビジネス街として成長していった。

そして現在、進んでいるのが、脱ビジネス街の動きである。

三菱グループによる再開発により、丸ビルが新丸ビルに生まれ変わったほか、大型ビルの建て替えが進んでいる。近未来的な設計だけでなく、「一丁ロンドン」

を想起させるビル、東京駅や三菱一号館を改造した美術館など、往時の赤レンガづくりを活かした建造物もある。

ビジネス街という枠を超え、新たな変貌を遂げようとしている丸の内。本格的な味わいを楽しめるレストラン、流行をけん引するブティックなどのお洒落スポット、芸術・文化を堪能する施設などが続々と登場し、全国からビジネス以外の目的で訪れる人が増えつつある。大名屋敷から荒れ地、ビジネス街、先端スポットへと進化を続ける先には、どんな未来が待っているのだろうか。

中央線に残る旧・万世橋駅
高架橋と駅舎が新たな商業施設に変貌

赤レンガづくりの趣あふれる駅は、東京駅ばかりではない。東京の顔たる駅とは規模に差はあるが、もともとの役割を終えながら、形を変えて今にその姿をとどめている駅舎がある。一時は中央線の起点として栄えた旧・万世橋《まんせいばし》駅である。

駅舎があるのは、秋葉原駅の近くで神田川にかかる万世橋のすぐ脇。中央線を利用する人なら、神田～御茶ノ水《おちゃのみず》駅の高架橋はおなじみのものだろう。今では上を中央線が走るばかりだが、川沿いに続く赤レンガのアーチの建物に万世橋駅があったのである。

鉄道ファンなら、二〇〇六（平成一八）年五月まで交通博物館があった場所といったほうがわかりやすいだろう。一九三六（昭和一一）年以来、鉄道博物館（後に交通博物館に改称）が併設されていたが、埼玉県・大宮に鉄道博物館が新設されて移転している。

万世橋駅の駅舎は、東京駅と同じく建築家・辰野金吾が設計したものだ。あまり知られていないが、東京駅より二年早く一九一二（明治四五）年に開業し、中央線の一大ターミナルとして多くの人々でにぎわったのである。

東京駅が完成し、一九一九（大正八）年には万世橋駅との間が開通、中央線の起点は東京駅へと移っていった。

その際、中央線と山手線を直通運転することになり、「の」の字運転がはじまった。中野から新宿を経て、飯田町（現・飯田橋）、御茶ノ水、そして万世橋、東京へと至り、そこから品川、新宿、池袋などをまわって上野に至る路線で、「の」の字の書き始めが突き出て、横に倒れた形だ。これを往復運転していたのである。

一九二三（大正一二）年の関東大震災で初代の駅舎は焼失し、再建されたものの、その後の神田駅の誕生で乗降客は減り続けるばかりだった。そして、一九四三（昭和一八）年、万世橋駅の営業は休止されることとなったのである。

以来、あまり人目を引かずにきたのだが、最近になってこの歴史ある遺構にまた新たな光があてられている。オフィスビルの建設と併行して、高架橋と駅舎を活用した商業施設を整備する計画が進んでいる。

二〇階建てのオフィスビル「ＪＲ神田万世橋ビル」は二〇一三（平成二五）年に竣工した。駅舎では往時に使われた階段をのぼって、かつてのホームに設けられたカフェやデッキで過ごせるようになった。高架下のアーチの内部にはショップや飲食店が入り、神田川沿いにデッキが設けられ、水辺に親しめる新しいスポットになっている。

地下鉄のトンネルにしみ出る地下水で東京の川をきれいにする!?

東京の各所で、水辺の風景を復活させる試みが高まりつつある。なかでもユニークなのが、地下鉄のトンネル内に湧き出る水を川へ放流するというアイデアである。

湧き水というと、豊かな木々の森のなかで、ひたひたと湧き出るイメージが強いが、じつは地下鉄のトンネル内にもしみ出してくる。地面に降り注いだ雨がしみ込み、その地下水が地下水脈を通ってトンネルに湧き出してくるのだ。

大雨でも降らない限り、たいした量にならないと思われそうだが、昼夜問わず、しかも毎日のことである。じつは大変な量になる。

当然、トンネル内を水浸しにしておくわけにもいかず、そのためトンネル内にはポンプを設置して、水を汲み出さなければならない。地形の高低差があるので、駅と駅の間の低い位置にポンプ室をつくり、排水溝で地下水を集めて排出する仕組みになっている。たとえば、東京メトロの日比谷線の場合は、じつに二四か所にポンプ室が設けられている。

日比谷線の地下水が、渋谷川に放流されるようになったのは、二〇〇四（平成一六）年のこと。恵比寿駅の近くにあるポンプ室から渋谷川へと導管を伸ばし、年間およそ一〇万一〇〇〇立方メートルにものぼる水を放流している。

渋谷川と言えば高度成長期にほとんどが暗渠《あんきょ》となったが、かつては、♪春の小川は　さらさら行くよ♪と、童謡『春の小川』に歌われた川である。しかし、水源がないために水量が乏しくなり、それに伴い水質も悪化の一途をたどってきた。水が流れないため、淀んだ状態が続いたのが原因である。

そこで、それまではやっかい者だった地下水を渋谷川に流し、淀みを解消することで水質を改善しようという計画が持ち上がったのである。水辺の環境改善のほか、ヒートアイランド現象対策にもなるのではないかと期待されている。

また、下水道へ排出すると下水料金がかかるから、川へ放流することで、そのぶんのコストダウンにもつながるというメリットもある。

同様な取り組みは、都営地下鉄浅草線でも行なわれている。終点の西馬込《にしまごめ》駅のあたりは湧き水が多いため、大田区との話し合いにより、呑川《のみかわ》に流す導管が設置されたのだ。一部は池上梅園《いけがみばいえん》公園の池に導かれ、そこから呑川へ流すようになっている。

東京の川辺に童謡を口ずさみたくなる光景が、よみがえる日がくるのか——。さらなる取り組みに期待したいところである。

第4章

地形に隠された地理の不思議

赤羽の赤い羽根とは？
由来は関東ローム層の赤土にあった

東京都の北部に「赤羽」という場所がある。すぐ北側は埼玉県になり、京浜東北線と埼京線を沿線とする埼玉県と非常に密接な関係がある。この地名から想像するに、赤い羽根や赤い鳥が関係する逸話でもあるのかと思えるが、そうではない。このあたりに赤土が多いことからついた地名だと考えられている。

では、なぜ赤土が赤羽になったのか。

「羽」の字があてられたのは後になってからで、もともとは赤埴《あかはに》と呼ばれていた。「埴」は粘土をあらわす言葉で、赤埴とはずばり赤土という意味である。

まず、江戸時代に赤埴が赤羽根へと転訛《てんか》。さらに、幕藩体制が終わりを迎え、一八七二（明治五）年に東京府に編入されると、赤羽根が赤羽となったのである。

江戸時代、ここは日光《にっこう》御成道《おなりみち》が通る村だった。徳川家康が祀られた日光東照宮に歴代将軍が参拝する際に通る道として名付けられたもので、赤羽の北側の岩淵《いわぶち》に第一の宿場が設けられて栄えた場所である。街道はこの先、川口、鳩ケ谷、岩槻《いわつき》へと続いていた。

　地名の由来となった赤土の正体は、関東ローム層である。約一八〇万年前から一万年前まで続いた更新世《こうしんせい》の末期に、関東地方に降り注いだ火山灰の層だ。富士山をはじめ、箱根山、赤城《あかぎ》山、浅間山などが噴火し、膨大な量の火山灰が、関東一帯に広く堆積した。この火山灰には鉄分が多く含まれているため、酸化して赤褐色になったのである。

　江戸時代以降、赤羽は、鉄道の敷設とともに発展し、陸軍の拠点としても名を知られるようになる。一八八五（明治一八）年に赤羽駅が開業し、赤羽工兵隊、被服倉庫などが移転してきたため一帯は大きく変貌する。

　戦後になると、陸軍施設には私立の学校や病院が建てられ、被服倉庫の跡地には一九六二（昭和三七）年、三三〇〇戸以上が入った赤羽台団地が誕生。東京二三区では初となる大規模な公団住宅として注目され、今に至っている。

　東京にはこの北区の赤羽のほか、港区にも赤羽という地名がある。赤羽町という町名は一九六七（昭和四二）年に三田一丁目に組み込まれて消えてしまったが、赤羽幼稚園、赤羽小学校、そして古川にかかる赤羽橋などに名残りが見てとれる。古川も赤羽橋付近では赤羽川と呼ばれる川である。さらに、二〇〇〇（平成一二）年には、都営大江戸線の駅として赤羽橋駅が開業した。こちらの港区の赤羽も、ルーツをたどると赤埴からきている。赤土で土器をつくる職人が集まった集落ができ、そこからつけられたといわれている。

どうやって引けばよいのか？山の手と下町の境界線

「山の手マダムらしく品がいい」「下町っ子だけあって気風がいい」……。

山の手と下町という区分けは、今も広く使われる。それぞれの地域の気質を対比して語られることが多いようだが、では、地図のどこで線引きされるのかと聞かれると考え込んでしまうだろう。

「山の手」は、文字通り山のほうのエリア、山寄りの土地という意味だ。山のふもとというよりは、高台にある町を指している。これに対して、下町とは下のほうに広がる町ということで、低地のエリアと言い換えることができる。東京近辺を見渡して、高台といえば武蔵野台地がある。火山灰が降り積もった関東ローム層からなり、多くの谷が入り組んで坂をなしている。具体的には、四谷、市ヶ谷、赤坂、青山、麻布、小石川、本郷あたり。区でいうと、千代田区西部、新宿区東部、港区、文京区などが山の手に当てはまる。

一方、江戸川や荒川などが東京湾に注ぎ込むところに土砂が堆積してできた三角州は、東京低地と呼ばれる。この低地の部分に、東京湾を埋め立てて生まれた土地を合わせた地域が下町に当たる。土地は平坦で、具体的には浅草や神田、日本橋、本所、深川あたりになる。区でいうと、中央区、千代田区東部から江東区、墨田区である。

両者の土地柄がはっきりと分かれたきっかけは、江戸時代の幕府の割り当てにある。幕府が江戸の町づくりをすすめる際、地方から集まった武家の屋敷を建てるように割りふった場所が山の手であり、職人や商人たちが暮らすために集められた場所が下町だったのだ。

それが明治時代に入っても続くことになる。山の手には、官僚や政治家、軍人など、いわゆる上流階級と呼ばれる人々が住みついた。一方の下町は、商人や職人の町であり続けた。結果、ふたつの地域でそれぞれの気質が受け継がれることになったのである。

それは言葉の違いにもあらわれている。山の手言葉は武家、知識階級の言葉の流れをくみ、下町言葉は町人の言葉を源としている。たとえば、「ひ」を「し」

●江戸時代の幕府の割り当て

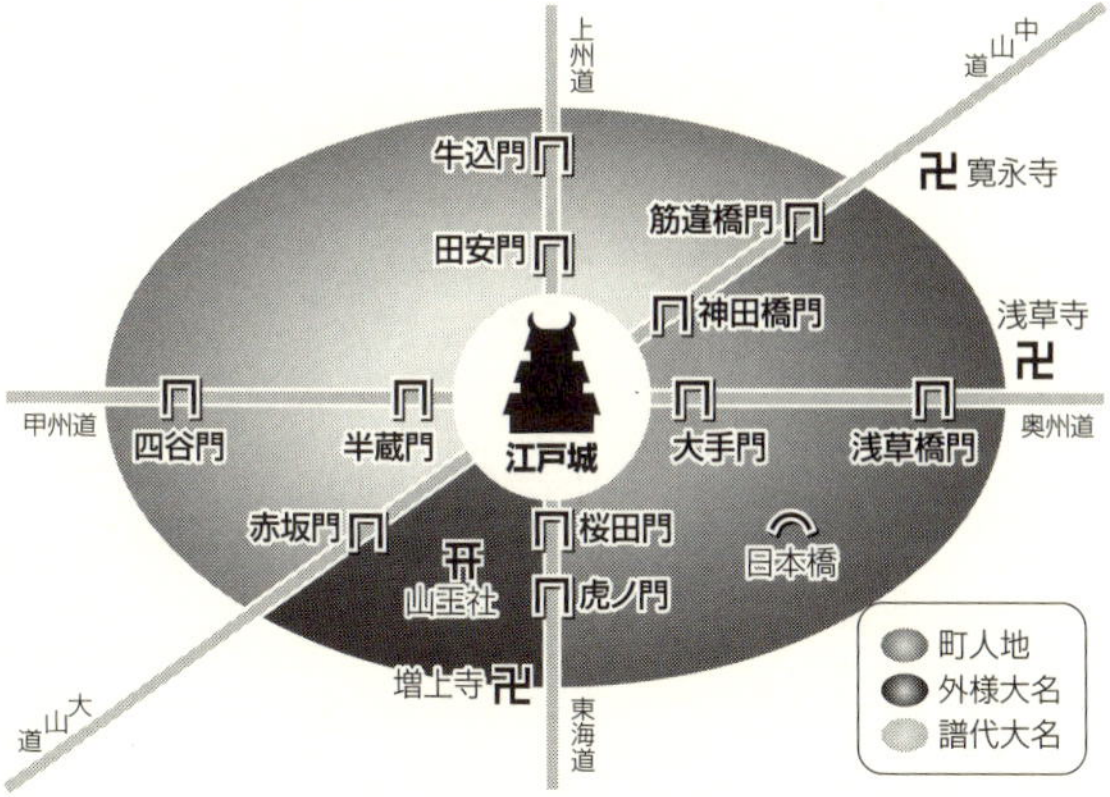

と発音して「広島」が「しろしま」になることを、江戸っ子の特徴のようにいうことがあるが、これは山の手言葉ではなく、下町言葉に見られる特徴である。

このような山の手と下町のエリアは、普遍的なものではなく、時代とともに拡大してきた。台地に広がる住宅地は、山手線の内側から外側の西へ西へと広がっていった。これには一九二三（大正一二）年の関東大震災後の復興計画において、大々的な区画整理が行なわれたことが影響している。

新たな住宅地が生まれたのは、豊島区、中野区、杉並区、世田谷区、大田区西部などで、こうしたエリアまでを山の手に含むと考えられるようになった。

一方の下町も拡大する。関東大震災で被災した人々が移り住んだ葛飾《かつしか》区、足立《あだち》区、江戸川区などが、下町とみなされるようになった。

つまり、両者を一概に線引きすることは難しい。ただ、わかりやすい線引きとして、JR京浜東北線をおよその目安にする考え方がある。線路の東側に広がる平らな土地が下町、西側に続く台地が山の手であるというものである。

歴史をふりかえればナットク
荒川区に荒川が流れていない不思議

「荒川区には荒川がなくて、隅田川はもともとは荒川だった」――。まるで謎かけのようだが、これは事実である。

なぜ、荒川区に荒川が流れていないのか。

この謎を解くには、荒川の歴史をたどると理解しやすい。

荒川は、遠い昔からその名が示す通り、氾濫《はんらん》することの多い暴れ川だった。現在の埼玉、山梨、長野の三つの県境が接する甲武信ヶ岳《こぶしがたけ》を源とし、利根《とね》川へと注いでいた。現在では元荒川と呼ばれる川の流路が、これに当たる。そして、注ぎ込んだ先の利根川は、江戸時代より前は東京湾へと注いでいたのである。

利根川は古来、洪水によって道筋を幾度も変えてきた川だが、東京湾から離れたのは、なにも自然の業ではない。徳川幕府が人工的に流れを変えたのである。

一方で、荒川については熊谷《くまがや》付近で新たな流路をつくって南へ向かわせ、和田《わだ》吉野川《よしのがわ》、入間川《いるまがわ》と合流する形にした。これにより新しい流路の水量は格段に増えた。その下流では、俗称として隅田川とも呼ばれるようになる。

幕府の行なった工事の目的は、江戸～川越の間の水運を円滑にすることだったが、これにより荒川は、水害で流域の人々を苦しめるようになる。

明治に入ると、一八八〇（明治一三）年、一八八四（明治一七）年、一八八五（明治一八）年、さらに一八九六（明治二九）年、一八九七（明治三〇）年、そして一九〇七（明治四〇）年と洪水が頻発した。

極めつけは一九一〇（明治四三）年六～八月の断続的な大雨だった。荒川の各所で防波堤がつぎつぎに決壊し、東京の下町は水浸しになって多数の命が失われた。

そこで翌年から水害対策として大々的に進められたのが、荒川に幅五〇〇メートルもの放水路を開削する計画だ。明治から大正、昭和までまたぐほどの歳月をかけ、今の北区の北にある岩淵から東京湾まで総延長二二キロにも及ぶ荒川放水路がつくられたのである。

用地とされた面積は、一・一万ヘクタールにものぼり一三〇〇戸が移転した。

●荒川の開削史

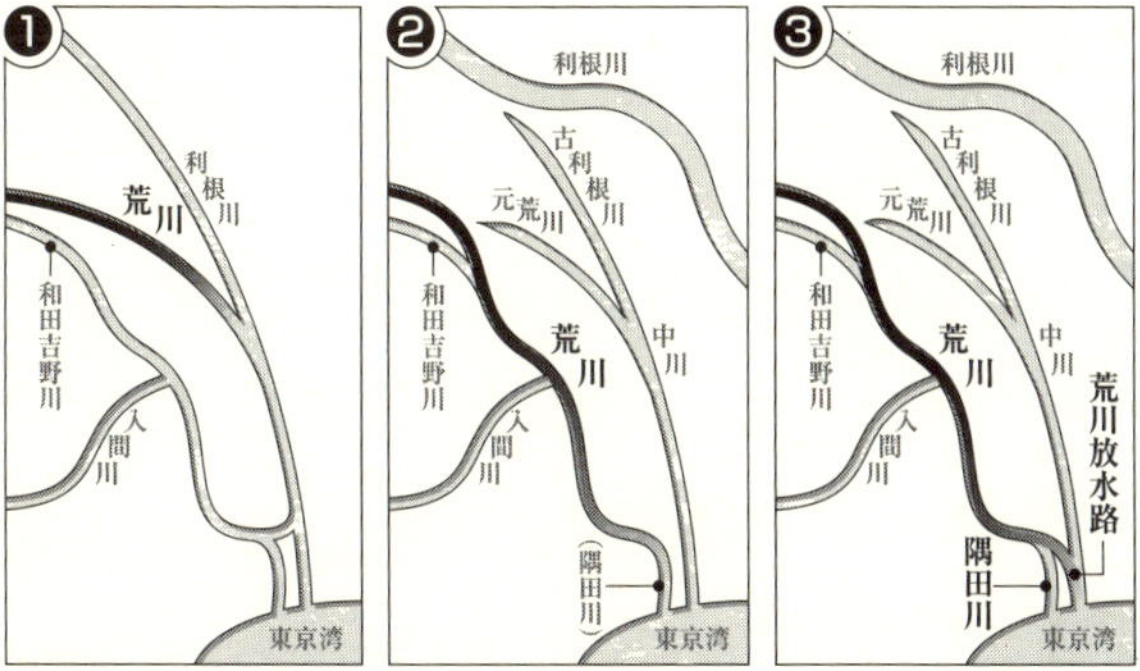

❶ 江戸時代より前、荒川は、東京湾に注いでいた利根川と合流していた。現在の元荒川にあたる

❷ 和田吉野川と入間川を合流させて、南下する新たな流路を作る。下流では隅田川とも呼ばれていた

❸ 水害対策として荒川放水路を開削。これが荒川の本流となり、それまで俗称だった隅田川が正式名称へ

買収の価格は安く、納得しない人も強制的に立ち退かされた。関東大震災に襲われたこともあり、最終的に完成したのは一九三〇（昭和五）年。長い工期と、多くの犠牲のうえに出来上がった放水路だった。

　そのかいあって、一帯が大水害に襲われることは以降なくなった。川の流れは穏やかになり、川は人々の心をいやす水辺となった。そして、一九三二（昭和七）年に荒川区が誕生。南千住《みなみせんじゅ》、日暮里、三河島《みかわしま》、尾久《おぐ》という四つの町が合併し、ここを流れる大きな川の名、荒川という名をつけたのである。

　ところが、一九六五（昭和四〇）年

の河川法により、人工的につくられた荒川放水路のほうが荒川の本流と決められた。そして、分岐点となる岩淵水門から東京湾まで、もともとの荒川の流路を流れる部分は、隅田川を正式名称とすることになる。こうして、荒川区から荒川が消え、隅田川が流れることとなったのである。

多摩川を挟んで同じ地名が⁉ 東京都と神奈川県にまたがる謎

川の氾濫が流域の人々の暮らしに大きな影響を与えたのは、多摩川も同じである。多摩川もまた「暴れ川」の異名をもち、荒川と同じように幾度となく洪水を起こしてきた。だからといって、人々は川を遠ざけようとはしてこなかった。むしろ、川とともに暮らしを営んできたのである。

今でこそ物流の中心は道路や線路、空路であるが、明治期半ばまでは川が流通の術だった。川の両岸を挟んで、ヒトとモノが行き来していたのである。当然、対岸の住人同士のつながりは強くなり、ひとつの集落を形成するようになった。

道路網が発達した今日において、川を挟んだ対岸の住人を「お隣さん」とは呼びにくいが、川こそが物流の動脈だった昔、対岸同士の結びつきが強かったことは容易に想像できるだろう。多摩川でもそのような環境にあったことを地名が物語っている。

多摩川の両岸にある東京都の世田谷区、大田区と、神奈川県の川崎市。目を凝らして地図を見れば、いくつもの興味深い発見ができるはずだ。

たとえば丸子《まるこ》という地名を探すと、大田区側には下丸子、対岸の川崎市側には上丸子、新丸子がある。正確には、川崎市にあるのは上丸子天神町、上丸子八幡町、上丸子山王町、新丸子町である。

これは丸子だけではない。野毛《のげ》についても、野毛、上野毛、下野毛の地名があるが、世田谷区には野毛と上野毛、川崎市には下野毛のように分かれている。同じように、等々力《とどろき》、宇奈根《うなね》といった地名も、川を挟んで両方の側に見られる。

厄介なのは、多摩川は村町レベルではなく、東京都と神奈川県の県境となっていることだ。もともとは両岸とも武蔵《むさし》国に含まれていたので、大きな問題にならなかった。

それが明治に入って多摩川が東京都と神奈川県の境界線となったことで、昔からの地区がはっきりと分断されてしまった。同じ国（武蔵国）の歴史をもつ地域が、東京都民と神奈川県民に分かれ、別々の道を歩むことになったのである。

もっとも、そんな境界線に意味はなく、住民たちは、川を行き来していた。そ

●多摩川をまたぐ同地名と「渡し」の発達

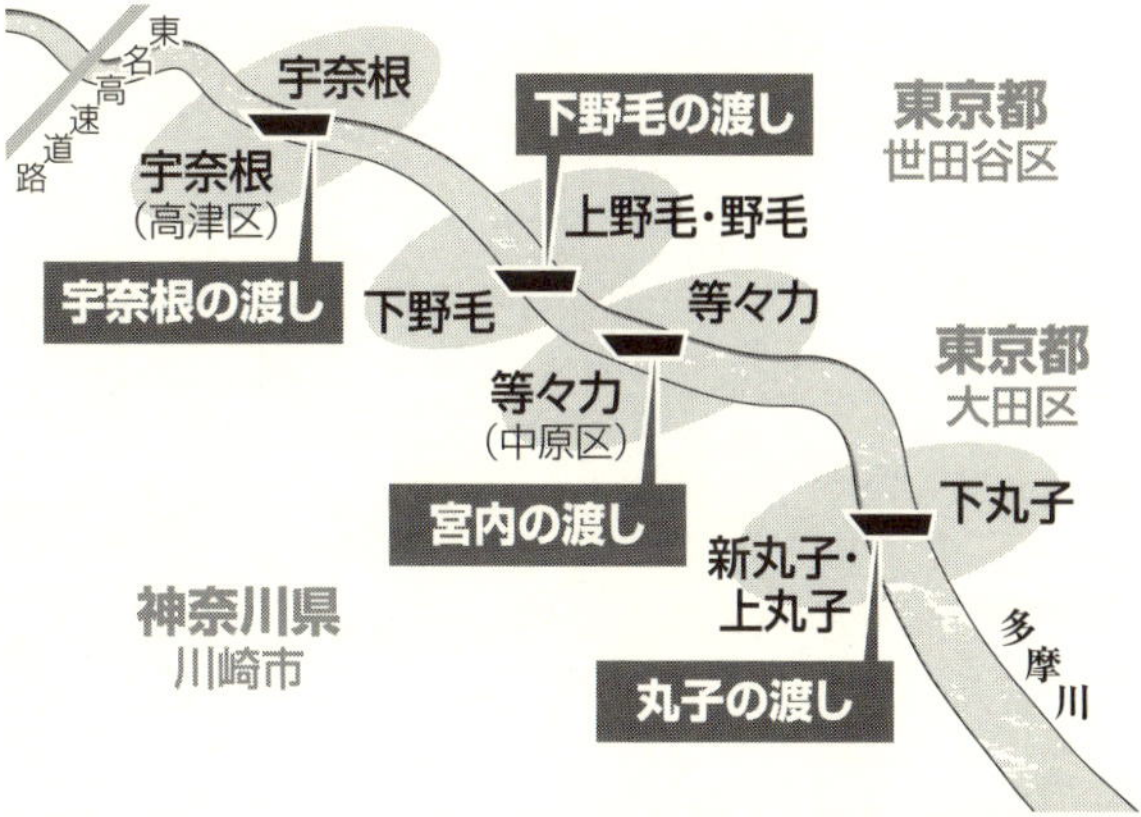

の証拠に、「作業渡し」といって対岸の田畑を耕す住民のために設けられた「渡し」が、この多摩川下流あたりには何か所もあった。

「渡し」といっても、今の人にはわかりにくいだろうが、橋を架けることが困難だった時代には、渡し船で向こう岸と行き来していたのである。多摩川には、東海道の途上に設けられた「六《ろく》郷《ごう》の渡し」のような旅人のための渡しに加え、作業渡しも存在していた。

たとえば、前述の下野毛には「下野毛の渡し」があった。

江戸時代初期の洪水で多摩川の流路が変わって飛び地ができたため、おもにそこにある田畑へ日々通うために利用された。廃止されたのは、一九五五（昭和三〇）年になってからのことである。昔の話ではない。「宇奈根の渡し」も飛び地ができたためにつくられ、一九五〇（昭和二五）年まで存続し、利用されていた。

このように地名から痕跡をひもとくと、その地域の歴史がふっと浮かび上がってくるのも地図の醍醐味のひとつである。

多摩地域が神奈川県から東京都へと編入された意外な理由

多摩川は江戸、そして東京の人々に水という貴重な資源を提供し、発展を支えてきた重要な存在でもある。飲料水のおもな供給源となり、玉川上水を通じて都市の生活維持に貢献し続けてきた。

玉川上水が完成したのは、一六五四（承応《じょうおう》三）年のこと。江戸市中の上水道にするために、現在の東京都羽村《はむら》市で多摩川の水を取り入れて、新宿区の四谷大木戸《よつやおおきど》まで約五〇キロの用水路を開削したものだ。玉川庄右衛門《たまがわしょうえもん》、清右衛門《せいえもん》という兄弟の功績である。

多摩川の水を引いてくる江戸時代のシステムは、明治に入って近代化が進められてもそのまま引き継がれた。コレラの流行などをきっかけとして衛生面の問題が検討され、一八九七（明治三〇）年、ようやく近代的な浄水設備として淀橋《よどばし》浄水場が完成する。現在、この淀橋浄水場の跡は、新宿副都心になっている。一九六五（昭和四〇）年に浄水場が廃止され、再開発が進められて高層ビルが立ち並ぶようになった。今では一等地であることを考えると、東京の拡大の勢いがわかるというものである。

水道施設の整備が進められるなかで、水の資源確保にも力が注がれた。増える一方の人口に対応できるように貯水池がつくられ、ダムの建設が進められた。奥多摩の小河内《おごうち》ダムが完成したのは、一九五七（昭和三二）年のことだ。じつは、計画が発表されたのは一九三一（昭和六）年だったのだが、戦争へ突入したこともあり、完成まで二六年もかかっている。

そもそも多摩地方が東京都下となったのも、水資源の確保という目的があったからだといわれている。明治に入って、多摩地方は、帰属先がくるくると変わるという道程をたどった。廃藩置県が行なわれ、武蔵国の多摩郡は、武蔵県から韮《にら》山《やま》県、品川県、神奈川県へと編入先が変わっている。

一八七八（明治一一）年には「郡区町村編制法」が施行されて、多摩郡が四つに分けられた。今では多摩地方とは想像しにくいだろうが、中野区と杉並区は、このとき東多摩郡として東京府に属することになった。

一方、今の昭島《あきしま》市以東の北多摩郡、今の八王子以南の南多摩郡、そして今の福生《ふっさ》市以西の西多摩郡は、神奈川県に帰属することとなった。北、南、西のいわゆる「三多摩」、多摩地方である。

だが、それも長くは続かず、一八九三（明治二六）年になると、三多摩は東京府に編入されることが決まる。このときの変更が、今に続く東京都の範囲である。

地図を見れば一目瞭然だが、三多摩の面積は広大である。同年の決定により、神奈川県は、なんと四分の一にも当たる面積を東京都に譲り渡すこととなった。人口も五分の一が流出したことになった。神奈川県政にも影響を与える大きな問題である。

それでも強行されたのは、都下の水資源のためというわけだ。玉川上水を通じて東京へと水を引いてきているのに、水源が神奈川県にあっては管理しづらい。そこで当時の東京府側が、編入を盛んに主張したというわけだ。

一方、その陰では政略が働いていたという噂も持ち上がった。当時は清《しん》国との緊張が高まるなかで軍備拡張が盛んに進められており、政策に反対する野党・自由党の力をそぐという、政府の思惑があったというのだ。自由党の地盤である三多摩を東京に組み込み、神奈川県と分断し、抑え込もうとしたという。

おかしなことに、その後、一九二三（大正一二）年の東京を都にする計画では、再び三多摩を神奈川県に戻す案も出た。また、多摩県として独立させる案なども浮上したという。

真相は定かではないが、神奈川県の強い反対をよそに、あっさり東京府への編入が強行された事実だけを見れば、あながち的外れな話ではない。都下の水資源確保か政略か、いずれにしても住民感情をよそに、多摩は翻弄され続けてきた地域だったようだ。

東京メトロの千代田線・国会議事堂前駅はなぜこんなに深い？

地下鉄とひと言でいっても、東京の場合、駅の深さはさまざま。深ければ深いほど地上と行き来する時間がかかるから、移動の所要時間には注意が必要だ。

東京メトロのなかでもっとも深い位置にある駅は、千代田線の国会議事堂前駅。なんと地下六階、三七・九メートルもの深さに位置している。建物の高さにして一〇階分程度といったほうが、どれほど深いか感覚的につかみやすいかもしれない。

ここには丸ノ内線も通っているが、両者の駅の深さには二五メートル以上もの差がある。丸ノ内線の駅は地下二階で、地下一階の改札フロアのすぐ下にある。

そのような状況が生まれた理由は、駅の周辺が丘状になっているという地形にある。千代田線、丸ノ内線ともに東隣りにある駅は霞ヶ関だが、その付近の地表からは約二〇メートルも高い丘の上に国会議事堂前駅の入口がある。丸ノ内線の駅が深くならなかったのは、丘の勾配に合わせて上っていくようにトンネルを掘って線路を通したからである。

一方の千代田線はこれを避けて通らなければならず、丘の地下浅いところを通るのではなく、深いところに潜るルートをとったのである。

千代田線の国会議事堂前駅の次に深い駅は、南北線の後楽園駅。やはり地下六階にあって、三七・五メートルの深さである。その次は半蔵門線の永田町駅で、同じく地下六階、深さ三六メートルとなっている。

また、都営地下鉄の大江戸線にはさらに深い駅があるが、こちらは、地形に合わせてというよりは、新参であることが関係している。

大江戸線は、計画自体は都営一二号線として一九六八（昭和四三）年から存在していた。だが、実際に着工したのは一九八六（昭和六一）年になってからで、全線が開通したのは二〇〇〇（平成一二）年。すでに地下の浅いところにはメトロの路線網が張り巡らされ、地下深くへと潜らざるを得なかったのである。

このため、地下三〇メートルを超える駅がいくつもできてしまったのである。

なかでももっとも深いのが、六本木駅の大門《だいもん》・両国《りょうごく》方面行きのホームで、じつに四二・三メートル、地下七階である。六台ものエスカレーターを乗り継いで、ようやく地上に出るという出口まである。同じ都営線でも、最初に開通した浅草線は平均一一・六メートルの深さを通っているが、大江戸線は二二・二メートルと二倍の深さだ。

こうしてみると、地下の場所取りも熾烈である。

「富士見坂」と名のつく坂から本当に富士山は見えるのか？

山の手の台地には、多くの谷が入り組み、各所に坂道ができている。その坂の名称を見ると、失われた風景とともに、江戸の風習や江戸っ子の想いまでが浮かび上がってくるようだ。坂の名称には、江戸時代から受け継がれているものが多いが、なかでも東京で最多を誇るのが「富士見《ふじみ》坂」だ。正確な数字は定かではないが、少なくとも十数か所に及ぶ。

もちろんネーミングの由来は、富士山が見える坂であること。いたるところに高いビルが建っている現代の東京では、「こんなところから富士山が見えたのか」と驚かされることも多い。

見晴らしを遮る人工の建造物がほとんどなかった江戸時代、富士山は今よりも身近な風景だった。そして江戸っ子たちは富士山を好み、拝み、信仰したのである。一八世紀前半の享保年間には食行《じきぎょう》身禄《みろく》という人物が、富士山頂に極楽浄土

●都内に点在するおもな「富士見坂」

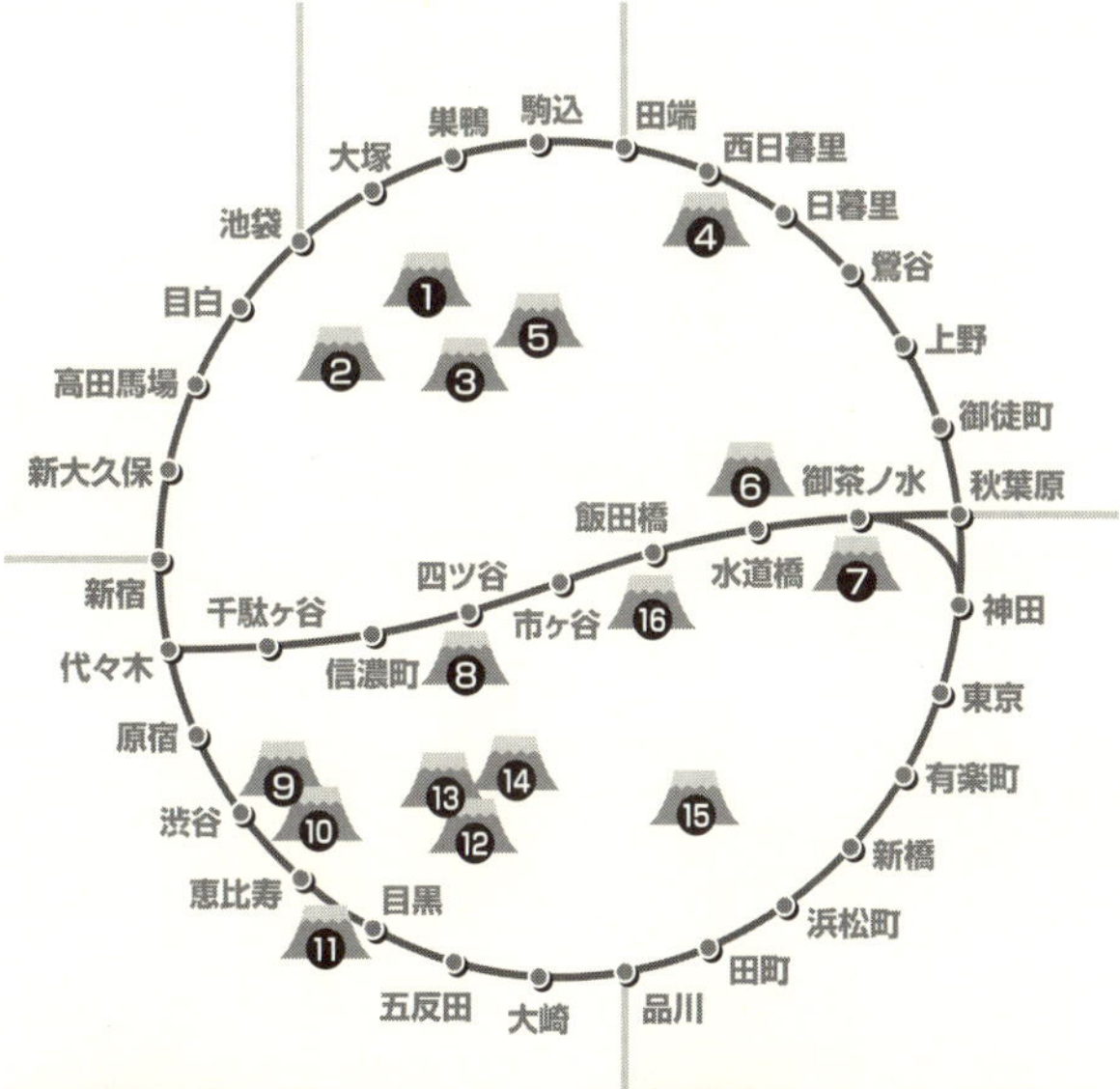

❶	富士見坂	文京区 大塚2丁目と5丁目の間
❷	富士見坂	豊島区高田1丁目と 文京区目白台1丁目の間
❸	富士坂	文京区小日向4丁目
❹	富士見坂	荒川区西日暮里3丁目
❺	富士見坂	文京区白山2丁目と 小石川植物園の間
❻	富士見坂	文京区本郷2丁目
❼	富士見坂	千代田区神田小川町3丁目
❽	富士見坂	千代田区永田町2丁目と 紀尾井町の間
❾	富士見坂	渋谷区 渋谷1丁目と2丁目の間
❿	富士見坂	渋谷区東2丁目と3丁目の間
⓫	富士見坂	目黒区目黒1丁目
⓬	富士見坂	港区南麻布4丁目
⓭	新富士見坂	港区南麻布4丁目
⓮	富士見坂	港区西麻布3丁目
⓯	富士見坂	港区芝公園4丁目
⓰	富士見坂	千代田区九段北 3丁目と富士見2丁目の間

があるという「富士講《ふじこう》」を広め、江戸庶民に大流行している。登山参拝がしきりに行なわれ、現在の練馬区を横断する富士街道を多くの人々が行き来した。

「富士見坂」については、残念ながら今日ではほとんどの場所で見晴らしが得られなくなっている。そんななか、例外のひとつが日暮里にある富士見坂だ。日暮里駅から諏方《すわ》神社へ向かい、その手前を左手に下りる道に位置している。

一九九〇年代はじめまでは全景が楽しめたのだが、近くを走る不忍通り沿いに高いビルが増え、いまでは左半分が隠された状態になっている。

それでも、毎年一月三〇日前後、一一月一一日前後には「ダイヤモンド富士」が見られることから、それを楽しみに訪れる人が多い。夕陽が富士山の山頂へと落ちて輝くさまは、何ものにも代えがたい美しさがある。

国土交通省関東地方整備局は富士山の眺望のよい地点を「関東の富士見百景」として選定しており、そこでも「東京富士見坂」というくくりのなかに「日暮里富士見坂」が含まれている。ほかにも、目黒駅周辺、大岡山地区、田園調布周辺など富士山が眺められる坂が六か所あげられている。街の風景が激しく変わる東京で、この貴重な眺望を守るのも至難の業である。

都心に今も残る山「愛宕山」が切り開かれずにすんだワケ

東京メトロの銀座線・虎ノ門駅や日比谷線・神谷町《かみやちょう》駅からほど近い、港区の都心に位置している愛宕山《あたごやま》。つぎつぎに開発が繰り返された東京で、自然の山が今も残されているのは珍しい。徳川家康の開府を機に、山や丘は切り崩されて武家屋敷や町屋の並ぶ土地が造成されたなかで、愛宕山だけは開発を免れてきた。

山といっても高さは約二六メートル。丘というほうがぴったりくる標高ではあるが、三角型の山らしい姿をしている。いまでは周辺の高層ビル群の狭間にあって、初めて訪れる人があたりを見回したところで見つけるのは難しいかもしれない。高度成長期、さらにはバブル期にも高層ビル建設ラッシュの波に飲みこまれず、無事でいられたのはなぜか。

大きな理由のひとつは、縁起がよい山として信仰の対象になってきた歴史にある。

江戸で勢力を蓄えた徳川家康は、豊臣秀吉の恩顧を受けた西軍と雌雄を決する関ヶ原の戦の際、必勝を祈願する場所として愛宕山を選んだ。山頂には江戸城を築城した大田道灌が建立したという青松寺《せいしょうじ》という曹洞宗の寺もあったが、方位を重視した家康は、仮殿を建てたうえで勝利をもたらすという地蔵を祀った。

そして快勝したのち、神社の建立を命じたのである。今も残る愛宕神社の始まりである。

それまで山には名もなかったが、家康が京都愛宕山の愛宕神社にあやかろうと考え、愛宕山と呼ばれるようになる。京都の愛宕神社には雷神「火生霊命《ほむすびのみこと》」が祀られ、京都の火の元を護っているとされていたので、家康は、これからつくる江戸にふさわしい守り神と考えたに違いない。

やがて、幕府に仕える武士たちから「天下取りの神」「勝利の神」としても信仰されるようになっていく。愛宕神社は火の元安全を祈願する町民だけではなく、武士にとっても武運を祈る大切な場所となっていったのだ。

こうして愛宕山は江戸っ子に人気のスポットとなっていった。遠方までパノラマの眺めが楽しめることが大きな魅力となった。家並みの向こうに江戸湾が見え

●愛宕神社の「男坂」と「女坂」

男坂

曲垣平九郎の伝説にちなみ、「出世の石段」と呼ばれる

女坂

右手にある男坂よりはやや緩やかな石段

る風光明媚《ふうこうめいび》な場所として広く愛され、浮世絵の安藤広重も山頂からの素晴らしい眺望を描いている。寺の山門脇には茶屋がつぎつぎと開店し、庶民に憩いの場を提供した。

　丘レベルの高さといっても階段で山頂まで登るにはひと苦労する。神社正面の急角度の石段は「男坂」と呼ばれ、全八六段。右手には全一〇八段の「女坂」も用意された（今では山頂の神社までエレベーターで直行できる）。

　男坂には有名な伝承がある。三代将軍・家光の「山頂まで馬で往復する勇者はいるか」という問いかけに、高松藩士の曲垣平九郎《まがきへいくろう》がみごと馬を駆って昇り降りし、馬術名人として称賛されたという逸話だ。

時代が江戸から明治、大正へ移っても、愛宕山の都心にある山という存在価値に変わりはなかった。新たな役割に目をつけたのがＮＨＫである。日本初となるラジオ放送を開始するにあたり、電波を発射する高所として、愛宕山にアンテナとスタジオを新設したのである。

一九二五（大正一四）年、初放送が行なわれた。東京スカイツリーの六三四メートルという高さを考えると、当時の街並みがいかに低かったか自ずとわかるだろう。

佃煮発祥の地「佃島」は家康が関西から呼び寄せた漁民の功績

車では銀座からひと走りという距離にある佃島《つくだじま》は、地下鉄の都営大江戸線・月島駅が銀座方面から伸びていることも関係してか、隅田川に浮かぶ小島であることは忘れがちになる。

だが、一九六四（昭和三九）年まで、銀座方面から佃島には渡しの船に乗らなければ行くことができなかった。五〇年ほど前までは、文字通り「島」だったわけだ。

もともと、佃島には海岸に風や波で吹き寄せられた「寄り州」という干潟《ひがた》のような州ができていた。ここを埋め立てて小島に造成した結果、佃島という地名が江戸に加わることになったのである。

造成に関わったのは、摂津《せっつ》国（現在の大阪府西部と兵庫県東部辺り）佃村の漁師たち。家康が摂津国から呼び寄せた三三名とも三六名ともいわれる漁師が、住む場所として寄り州を拝領する。人が住めるような状態ではなかったところを、漁師たち自身が小さな島へと整備したのである。そして故郷にちなみ、ここを佃島と命名する。

その後は、幕府の命に従い白魚漁に従事し、捕った魚は御三家などに献上した。白魚は初ガツオと並ぶ珍味として、江戸の人々に愛された小魚である。一一月から早春の四月にかけて漁の最盛期を迎える。漁師は舟の上でかがり火をたき、明かりに反応して集まってくる白魚を網で捕獲した。

ではなぜ、江戸にも漁民がいたはずなのに、家康はわざわざ関西の佃村から村民を呼び寄せたのか。

一説には、佃村の漁民が関東にはない四隅を竹で張った四手網《よつであみ》を用い、高い漁獲量を誇っていたからだと言われる。また、別説には、家康が関西遠征をした際に川渡りに苦労しているところを摂津の漁民に助けられ、密かに協力を得たことがあり、呼び寄せたのは、その時の恩返しだったという話もある。いずれにしても佃島の漁民は、旬の季節になるたび白魚を将軍家に献上し、余ったぶんを日本橋の魚市場などで売っていた。

佃島の漁師たちは、売れ残りの白魚を当然、自分たちで消費した。また白魚のほかにも、売り物にならない雑魚《ざこ》や貝類は醤油で煮て食べた。江戸の濃い口醤油との相性が抜群によかったため、保存食用にと作っていたものを商品として売り始めたところ、たちまち広まったのである。これが今に伝わる佃煮というわけだ。

歴史をひも解くと、関西から来た漁師たちが江戸前の発展に貢献していたのである。

レジャースポット「お台場」は そもそも黒船に対抗するための砲台

お台場というと、都心からはレインボーブリッジを渡った先にあるレジャースポットというイメージを抱く若者が多いのではないだろうか。無人運転による「ゆりかもめ」が島内を走り、砂浜で日光浴を楽しむことができたり、テレビ局の本社があってイベントが数多く開催されたり……。家族で楽しめる街というイメージも強い。アトラクション豊富な博物館やゲームセンター、温泉施設、ショッピングセンターに飲食店、一流ホテルまでが揃い、さらにはマンションまでが建ち並んでいる。

そんなお台場だが、もともとは人工的な埋め立て地であることを知らない人は多い。ましてやここの砂浜が、人造のものであることすら知らないだろう。

大規模な埋め立て工事が進められたお台場だが、じつは江戸時代末期から埋め立てられていた場所があり、それが「お台場」という地名の由来となっている。

現在のお台場海浜公園駅のそばにある台場公園内が、その江戸時代の台場跡だ。台場とは、そもそも砲台のこと。つまり、現在の風景とは一八〇度異なる軍事目的で埋め立てられていたのだ。

時は一八五三（嘉永《かえい》六）年、東京湾入り口の横須賀付近にアメリカのペリー提督率いる艦隊、通称黒船が姿を見せる。当時の徳川幕府は、各藩が軍事力を強化して体制存続を脅かさないよう、巨大軍事船を建造したり購入したりすることを禁じていた。そのため、ペリー艦隊が最大で二四五〇トン級だったのに対し、日本最大の千石船《せんごくぶね》は約一〇分の一の一五〇トン級があるだけ。浦賀沖に姿を見せた黒船に、人々が腰を抜かすほど驚いたのも無理はなかったのである。

通商条約の締結を求めるペリーに対し、幕府は平身低頭していったんは引き揚げてもらい、翌年に再交渉に応じるというその場しのぎの対応をとった。

そして、江戸城に黒船から大砲を打ち込まれ、甚大な被害を受けないように、急きょペリー艦隊に対抗する方策を探した。その一環として、大砲を放つための砲台を設置することを決定。岸からほど近い海の浅瀬を埋め立てることを決め、すみやかに実行に移した。この砲台用の場所ということから、台場と呼ばれるようになったのである。

このとき、台場建設に必要な土は、御殿山《ごてんやま》や高輪台泉岳寺《せんがくじ》の山、白金などを切り崩して調達された。石材や木材は関東各地から集められ、七五万両の巨額の費用が投資された。当初の計画では、一一か所に台場を設置することとなっていて、現在のお台場は第三台場として埋め立てられた。

ならば「ほかの台場もあるのか」と疑問が湧く。

じつは、ほかにも台場は一か所だけだが残っている。品川沖からお台場に向かい、レインボーブリッジをくぐったあたり。右手にその第六台場跡を確認できる。現在では立ち入り禁止で、学術的にも貴重な植物や野鳥の宝庫。小島にしか見えず、砲台用の埋め立て地とは気づきにくい。

ペリー艦隊への対抗策としては、併行して高性能の砲台を製造する反射炉、火薬の製造、鋳造所の建設なども各藩に命じられた。

現実には、資金難や火薬の爆発事故などにより、計画は思うように進まなかったようだ。計画した一一の台場のうち、完成したのは第一〜第三台場と、第五・六台場の五か所のみ。残る六基は埋め立て未着工や未完成に終わっている。

さらに、日米和親条約が結ばれて、急いで埋め立てる必要もなくなってしまった。完成した台場は一度も砲台として使われることなく、現在に到っている。台場建設を機に倒幕の動きが国内で湧きあがり、明治維新へと発展したのも皮肉な巡り合わせといえよう。

第5章

地名から読み解く東京の歴史

寺にちなんでいる名のはずなのに寺の形跡がない「吉祥寺」

若者に人気の中央線沿線の街として、吉祥寺《きちじょうじ》はつねに一、二位にくる高い支持を誇っている。そのためだろうか、駅名だけでなく、吉祥寺本町、吉祥寺北町・南町・東町というように吉祥寺が冠につく地区が武蔵野市に広がっている。

この吉祥寺という地名は、当然ながらこの地にある吉祥寺という寺の名に由来していると想像しがちだが、地図を探してみても、そのような寺は見当たらない。それどころか、過去にさかのぼって調べても、この地に吉祥寺が建立された歴史はない。

それでは、神話や伝説上の架空の寺かというと、そうではない。吉祥寺は二三区内の文京区本駒込《ほんこまごめ》に実在する。一帯は太平洋戦争の空襲により焼け落ちたが、吉祥寺の山門と経蔵《きょうぞう》は消失を免れ、現在に姿をとどめている。

吉祥寺という寺は存在するものの、寺のない場所にその地名がつけられているとは、なんとも不可解である。そこには吉祥寺がたどった数奇な運命がある。

ルーツをたどると、本駒込も元のあった場所ではない。室町時代の後期、太田《おおた》道灌《どうかん》が江戸城を築城した際、現在の和田倉門あたりの井戸から「吉祥」と刻まれた金印が出た。吉祥とは「きっしょう」と呼ばれ、めでたいことやよいことを意味する言葉。そこで道灌は縁起のよい金印が出た井戸付近に寺を建立し、吉祥寺と命名したのである。

その後、江戸城の拡張工事に伴い、吉祥寺は現在の水道橋の北側にあたる神田駿河台《するがだい》へと移転する。徳川家康による江戸の世がはじまる前の一六世紀末のことだ。

それでも、なかなか腰が落ち着かない。一六五七（明暦三）年に発生した明暦の大火により、吉祥寺も多くの建物同様に炎に包まれてしまった。さらに、翌年に起こった大火も吉祥寺一帯を飲み込んだ。

この二度の火災を受け、幕府は城下の中心に位置する吉祥寺の敷地に目を付けた。火除け地として十分な場所が確保できると考えたのだ。

こうして吉祥寺は、城下の中心から本駒込に移転することとなった。

このとき、吉祥寺はすでに多くの信徒を獲得し、寺の周囲には、門前町が栄えて町民や浪人が居を構えていた。そこで、移転にあたり門前に住まいを構えていた人々に代替地として幕府が付与したのが、現在の武蔵野市吉祥寺周辺だったのである。

当時、一帯は原野が広がり「札場《ふだば》」と呼ばれていた。茅葺《かやぶき》屋根に使われる茅が自生していたが、その一角に将軍・徳川家光が鷹狩りを楽しんだ場所があったことから、幕府はその刈り取りを禁じる立て札を立てた。そこから札場という呼び名がついた。

この原野に神田駿河台から移った人々は、懸命に鋤《すき》を入れて田畑をつくり、住まいを建てた。その苦労のかいあって、しだいにあたりは村らしい景観をもつにいたったのである。

村人たちは新しいこの村に名前をつけた。その名が吉祥寺である。よほど城下の門前町の時代が懐かしく、吉祥寺への信仰心も厚かったのだろう。こうして、寺は本駒込に移った一方で、寺のない地に吉祥寺という村が誕生することになったのである。

近未来的なイメージの「三軒茶屋」はたった三軒の茶屋から生まれた町

インテリジェントビルが建ち、首都高速が道行く人の頭の上に伸びて近未来的な印象を与える三軒茶屋《さんげんぢゃや》は、渋谷駅からわずか東急線で二駅。世田谷区を走る東急世田谷線の始発駅でもあり、進んだイメージを与える一帯である。

とはいえ、さかのぼればこの一帯も田畑が広がる農地だった。その村で三軒の茶屋が店を構え、利用客でにぎわったことから、いつしか「三軒茶屋」と呼ばれるようになったのである。

記録によると、三軒の茶屋は「田中屋」「角屋」「信楽《しがらき》」という名だった。いずれも「休み茶屋」と呼ばれる営業形態で、文字通り休憩場として活用され、座敷もあってのんびり過ごせる場所だった。なかでも田中屋は大勢の利用客に愛され、一八世紀半ばには一〇〇〇坪もの敷地に宿泊施設まで備えるほど繁盛したようだ。また、信楽には江戸の幕末の風雲児、坂本龍馬も利用したという言い伝えがある。

なぜ田園地帯に三軒の茶屋ができて、繁盛していたのか。その答えは、現在の地図でも確認することができる。首都高速の下に伸びているのが、現在の玉川通り。この通りと世田谷通りは三軒茶屋で交差している。つまり三軒茶屋は、昔から交通の要所に位置していたのである。

玉川通りは、江戸時代には「大山道《おおやまみち》」と呼ばれていた。大山は相模《さがみ》国の丹沢《たんざわ》山地を代表する山の名。現在の神奈川県伊勢原《いせはら》市に位置し、大山阿夫利《あふり》神社が祀られていた。神社の名から「雨降り」をもたらす神として、農業が主だった関東一円の人々から広く信仰されていた。一年を通じて、豊作のために必要な雨を祈願しようと参拝に訪れる人が絶えなかった神社である。「大山詣」と呼ばれ、多くの庶民が訪れていた。

江戸から阿夫利神社へと参拝に向かう際、最初の休憩所として距離的にちょうど適していたのが三軒の茶屋があった地点であった。ひと息つける茶屋があることは大山詣の人々にとって便利だった。そもそも大山詣は、庶民にとって信仰のためだけでなく、レジャーとしても楽しめる行事だった。だから、非日常的な座敷のある茶屋で休憩をとることも、人気があったのである。

現在、三軒のうち角屋と信楽は廃業しているものの、田中屋は「田中陶苑」という名で続いている。数多くの店舗が集まる今、「三茶」として親しんでいる若者たちにとって、三軒のみで名を馳せた歴史があることなど、にわかには信じられないだろう。

歌舞伎の興行もないのになぜ新宿に「歌舞伎町」があるのか？

新宿・歌舞伎町《かぶきちょう》といえば、一大歓楽街として全国にその名を知られている。派手な色彩に輝くネオンが一帯を照らす不夜城であり、路地に回れば、なにやらあやしげな店が人々を誘惑している。ほかのどこでも見かけることがない光景に出合う街、それが歌舞伎町である。

歌舞伎町を象徴するランドマークであり、待ち合わせの場所でもあったコマ劇場は、演歌の殿堂として中高年の男女が昼夜詰めかける劇場だった。二〇〇八（平成二〇）年で五一年間に及ぶ歴史に幕を閉じ、隣接する映画館を含めて周辺の再開発が進められ、二〇一五（平成二七）年には新宿東宝ビルが完成した。

コマ劇場の存在や歌舞伎町という町名から、この地は歌舞伎一座の本拠地だったとか、歌舞伎を催す劇場があったなどと想像する人が多いだろう。

だが、実際には歌舞伎町で歌舞伎一座がのぼりをたなびかせたことも、公演が行なわれたこともない。歌舞伎町は歌舞伎と縁がありそうで、ないのである。

歌舞伎町という名称が生まれた経緯は、太平洋戦争敗戦直後の一九四五（昭和二〇）年からはじまる。もともとこの一帯は、肥前《ひぜん》（現在の長崎県）藩主の大村家の屋敷があった場所。大正時代に入って女子校が建設された頃の住居表示は、角筈《つのはず》一丁目だった。女子校は空襲により移転していき、あとには焼け野原が残るばかりとなった。

そのとき、角筈一丁目北町会の町会長だった鈴木喜兵衛《きへい》は、地域の復興を象徴する娯楽場所をこの地に建設しようと思いつく。終戦からわずか四日目から復興計画に着手したというから目を見張る行動力である。

二か月後には、地主やかつての住民たちを集めて復興協力会を組織。区画を整理して焼け野原に一大文化施設ゾーンを建設しようと決定した。都の了承も得た構想には、芸能広場を中心として劇場や映画館、ホテルを建設することが盛り込まれていた。そして、劇場には歌舞伎用の劇場も含まれていたのである。

この当時、演劇関係者の間では歌舞伎文化の衰退・消滅が心配されていた。外国軍の占領下で急速に西洋文化が広まるなか、日本の古典芸能である歌舞伎がないがしろにされていると危機感を抱いていた。

そうしたなかで浮上した歌舞伎劇場の建設計画。劇場名も「菊座」と決定した。町名にも、新しい文化地域にふさわしいものをという声が高まり、都の都市計画係から「歌舞伎町」という提案を受けたのだ。

この一大計画はたしかに進行し、菊座は設計が終わって、あとは建設に移るばかりだった。ところが、着工が遅々として進まないうちに、大建築物の建設禁止令が出される。その結果、菊座とその横に建設される予定だった新劇用の劇場は、建設中止に追い込まれてしまったのである。歌舞伎はこの地で演目が披露されるどころか、劇場もなく今日に到っている。結ばれるはずの糸は断ち切られたままとなったのだ。

それでも歌舞伎町という地名は残り、吉田茂首相の主導による産業文化博覧会の会場に選ばれたのを契機として、一大歓楽街へと発展することとなった。歌舞伎町を構想した鈴木喜兵衛町会長のイメージとはかけ離れた施設が集まるエリアとなり、まったく様相の違う形で発展したのである。

人気漫画の舞台・葛飾区「亀有」もともとの地名は「亀なし」だった

JR常磐線《じょうばん》の停車する駅のひとつに亀有駅《かめあり》がある。いうまでもなく、葛飾区亀有を通ることからつけられた駅名である。この小さい駅の一帯に広がる亀有は、全国的に知名度が高い。人気少年漫画『こちら葛飾区亀有公園前派出所』、通称「こち亀」のおかげである。

『週刊少年ジャンプ』への連載は、一九七六(昭和五一)年から休みなく四〇年続いたが、二〇一六(平成二八)年九月に惜しまれながら連載が終了した。愛すべきキャラクター両津巡査長を中心とした人情とドタバタ劇調の漫画で、子どもならず大人にもファンが多い。両津巡査長の銅像が亀有駅前に建てられているほどだ。

この亀有という地名だが、かつては正反対だったということはあまり知られていない。つまり「かめなし」だったのである。南北朝時代から室町時代初期に成立したといわれる『義経記《ぎけいき》』のなかに、源頼朝《みなもとのよりとも》が隅田川を渡るという旨の一文があり、そこに「亀なし」という地名が出てくる。表記は「亀無」または「亀梨」。一四世紀末から一五世紀初頭の応永年間の記録には「亀無」とあり、一六世紀中頃の記録には「亀梨」と記されている。

さらに「亀なし」のなしは「無」や「梨」ではなく、「成す」をルーツとしているという考え方もある。つまり、「成す」が転訛して「なし」となったという。この解釈をもとにすると、一帯は亀の甲羅《こうら》のような丘状の小高い土地だったことから、「亀の形を成している場所」と考えられ、「亀成す」になったというわけだ。

かつて、このあたりでは利根川が隅田川と葛西《かさい》川に分岐していた。その川が堆積物をもたらし、小高い丘になったという。

ほかにも、朝鮮半島から渡来した金氏の土地であることを意味する「きんし」

が「きなし」になまり、それが元になったという説がある。

いずれにしても亀有以前は「かめなし」という地名だった。

それが亀有という地名に変わったのは、一六四四（寛永二〇）年に幕府が国図を作成したときらしい。問題は、なぜ「亀なし」から「亀有」へと改称されたかだ。

代表的な説として、国図を作成した幕府の担当者が「亀なしでは縁起が悪い」と、亀有にしたというものがある。「なし」のままでは悪いイメージをその土地に与えるから、ひっくり返したというのだ。このような験担《げんかつ》ぎから正反対の呼び名に変えてしまうのは、決して珍しいことではない。宴会を締めくくる際、本来なら「閉じる」べきところを、「お開き」という言葉を使っているのがよい例である。

国分寺市の「恋ヶ窪」は男女のロマンスからついた地名!?

東京都国分寺《こくぶんじ》市に属する地名のなかに恋ヶ窪《こいがくぼ》がある。恋という一字が使われた地名だけに、数ある全国の地名のなかでもロマンチックなイメージが強い。恋ヶ窪には西武鉄道国分寺線の恋ヶ窪駅があり、駅名にもなっている。「恋」の文字がつく駅名は、三陸鉄道の恋《こい》し浜《はま》駅など「恋ヶ窪」を含め全国で四駅しかない。

恋ヶ窪という地名の由来に関しては、さまざまな説がある。ひとつは「窪」が窪地を意味しており、その昔、各地の水源になるほど湧き水が豊かで、池で鯉《こい》を飼育できたことから鯉ヶ窪となり、それが転じて恋ヶ窪に変化したというもの。

ほかにも、同じ窪地でも鯉には関係なく、国府付近の窪地だったことから国府《こふ》ヶ窪《がくぼ》と呼ばれ、やがて恋ヶ窪へと変化したという説もある。ちなみに、武蔵国・国府は、現在の東京都府中《ふちゅう》市にあったと推測されている。

さまざまな説があるなかで、もっともロマンチックで乙女心をくすぐるのが、鎌倉時代の武将と遊女の悲恋にまつわるとする説だ。

主人公は鎌倉時代前期の武将である畠山重忠《はたけやましげただ》と遊女の夙妻太夫《あさづまたゆう》である。恋ヶ窪一帯は鎌倉時代には鎌倉街道の宿駅が置かれており、にぎやかな町だった。夙妻太夫はこの宿駅で人気を誇る遊女であり、彼女が恋に落ちた男性が畠山重忠だった。

重忠は武蔵の武士団の棟梁《とうりょう》で、誠実な武将として知られる人物だった。現在の埼玉県大里郡《おおさとぐん》である男衾郡《おぶすまぐん》畠山荘から鎌倉を往復する際、鎌倉街道を通っていたときに夙妻太夫を見染め、鎌倉との往復の際は必ず太夫のもとを訪れるようになった。

互いの愛を確かめ合った二人だったが、悲劇に襲われる。重忠は西国への出陣を命じられたのだ。夙妻太夫は、西の方角に向かい重忠の無事の帰りを祈る日々が続いた。

そしてある日、重忠が戦死したという訃報が夙妻太夫のもとに届けられる。じつは、この知らせは夙妻太夫に好意を寄せていた別の武士が、重忠を蹴落とそうとしてついた嘘だった。嘘とも知らず、重忠が帰らぬ人になったと信じた夙妻太夫は、絶望のあまり後を追おうと「姿見《すがたみ》の池」と呼ばれる池に身を投げてしまう。

一方の重忠は、無事に東国へと凱旋《がいせん》するものの、夙妻太夫が自殺したと聞いて深い悲しみに打ちひしがれた。そして、遊女とはいえ愛した女性を手厚く葬るため、寺に立派な墓を建てたという……。

真偽のほどは別として、人々の胸を打つエピソードである。姿見の池は昭和の時代に一度埋め立てられたものの、一九九八（平成一〇）年に復元されている。また、恋ヶ窪にある東福寺《とうふくじ》には、夙妻太夫の墓碑と悲恋を記した石碑が建てられている。

東福寺の境内に伸びる松の木のなかに、「一葉の松」と呼ばれる木がある。これは夙妻太夫をとむらった重忠が、墓の脇に植えたものを植え継いだのだと言い伝えられている。夙妻太夫が西国に遠征した重忠に想いを寄せたように、西へ西へと伸びているという不思議な松だ。恋ヶ窪という地名にふさわしいストーリーを求める人々の心理があらわれているともいえよう。

「赤坂見附」に「四谷見附」……江戸城に残る「見附」とは？

東京都内の道路を車で走ったり、散策したりしていると「見附《みつけ》」という表記に何度か出くわすことがある。もっとも有名なのは赤坂見附。東京メトロの駅名としても知名度は高く、誰もが知る東京の代表格のようなものだ。この赤坂見附のほかにも、四谷駅そばには四谷見附があり、さらに市谷見附も残っている。

東京における見附とは、江戸城の外郭に設営された見張りのための場所であり、外敵の侵入に備えて譜代大名や旗本の一団が詰めていた。城門そのものを見張り場所としていたり、枡形《ます》に石垣が積み上げられ、警備担当が任務に当たるという場所もあったりした。この見附があったことを示すのが「見附」という地名である。

見附については、「江戸三十六見附」という表現が使われたことから推測できるように、江戸市中に数多くあった。三十六見附とは語呂がよいために用いられた数字であり、実際は一〇〇以上の見附が江戸城の外郭と内郭に設置されていた。いまも皇居に入る入口として使われている田安門《たやすもん》、和田倉門をはじめ、半蔵門や馬場先門《ばばさきもん》なども、江戸城内郭の見附だったのである。

門は午前六時に開門され、午後の六時には閉門された。見附の警備担当は出入りしようとする人物を検分するだけではなく、堀に落ちた人の救助など、幅広い役目をこなさなければならなかった。そのうえ、火事を恐れて食事時しか火を使えないなど、細かい規則が設けられていたことが記録に残っている。

赤坂見附には枡形の城門が設営されていたが、現在の赤坂一帯でその跡を確認することは難しい。わずかに国道二四六号と紀尾井《きおい》町に渡る弁慶堀《べんけいぼり》付近で、石垣遺構の一部を確認することができる程度である。

四谷見附は、四谷駅そばに残る石垣跡、飯田橋駅西口そばに残る石垣跡などが、見張り用として築かれた当時の姿をいまに伝えている。

また、見附は街道の分岐点など、交通の要所に置かれた見張所を指す言葉としても使われた。そのため、江戸市中に限定されることなく、各地にその名を残す場所がある。たとえば東海道五十三次のなかの、現在の静岡県磐田《いわた》市の見附宿はその名残りである。新潟県には見附市があり、これは見附が市の名前として残っている例である。

「神田紺屋町」「神田鍛冶町」職業にちなむ町名が今も残る

江戸時代、江戸の中心というと日本橋から神田にかけてのエリアを指していた。神田は幕府の下級武士団や職人が住まいとした一帯で、日本橋と比較すると、より庶民的な街として栄えていた。この武士団の多くは、徳川家康の命で彼らの出身地・駿河国（現在の静岡県）から江戸に上った者たちだった。彼らの住居用地として田安門の東側に造成されたのが、現在の駿河台である。

武士団だけではない。職人たちも江戸に呼び寄せられ、駿河台だけでなく神田に居を構えた。やがて、神田は駿河出身の職人に加え、全国各地から集まってきた職人が暮らす町として発展する。その名残りが、いまも地名として残っている。

たとえば神田紺屋《こんや》町。紺屋とは染物屋のことである。紺屋という形容からも想像できるように、もともと藍染《あいぞめ》の職人のことを指していたが、やがて染物職人全般を総称するようになった。

染物職人たちが集まったきっかけは、もともと家康に武士として仕えていた土屋五郎左衛門という人物に関係している。怪我を負った土屋が、江戸初期の慶長年間に紺屋頭の役目を命じられ、現在の紺屋町の場所を与えられたのである。

土屋はすぐに染物職人たちを移住させ、幕府の注文に素早く対応できる体制を築いた。幕府から注文を受けることは、土屋家だけに許された特権だった。土屋は紺屋町の名主たちに生地をわたし、名主は染物職人に作業させる。仕上がった染物は土屋家によって検分され、幕府に納品されるというシステムだった。藍染の注文は絶えることなく、そのために町の北側を流れていた川が藍色に染まったことを受け、藍染川と名づけられたという逸話も残っている。

紺屋町のほかにも神田鍛冶町が、いまも残る。鍛冶町は、文字通り鍛冶師が集合して町を形成したことにちなむ地名。江戸城築城や改築用の金物、建築資材や釜、各種調度品など、鍛冶職人の能力は常に必要とされていた。

また、現在は住所表記として残ってはいないが、少し前までは、神田白壁町、神田連雀町《れんじゃくちょう》があった。

白壁町は、左官職人たちが集中した町。紺屋町と同様に壁塗りの棟梁が土地を与えられたことをきっかけに、左官職人たちを移住させたことから町が形成された経緯がある。

一方、連雀町から職人を連想することは難しいだろう。連雀とは、もとをたどると「連尺」。行商人が売り物を背負う時に使う、二枚の板を縄で組んだ道具である。連雀町は、この連尺づくりの職人の集まる町だった。

一帯には連尺づくりの職人が暮らしていたのに加えて、行商人が住まいの入口に連尺を立てかけているところが目立ったことから、当初は連尺町と命名された。それがより洒落たイメージに変えようと、連雀町に転訛されたのである。

東京駅八重洲口の「八重洲」は家康に仕えたオランダ人の名前から

改修・復元工事によって近代的でありながら、建設当時のモダンな風情を取り戻した東京駅は、ビジネス街へと人々が行き交う駅であると同時に、観光地への発着場の中心として活用されている。

東京駅は丸の内口と八重洲口に分かれているが、歴史的にみると、八重洲のほうが丸の内よりも命名された時代が古い。八重洲と町名がつけられたのは一八七二（明治五）年のことで、一方の丸の内は一九三〇（昭和五）年。丸の内という名前以前は、この地は八重洲町に属しており、一帯は八重洲という地名だった。

ただ、八重洲という地名もまた、最初から「八重洲」だったわけではない。明治初期にこのようになる以前は「八代洲」だった。その由来は、なんとひとりのオランダ人である。彼の名を「ヤン・ヨーステン」といった。

彼は、オランダ船「リーフデ号」の航海士だった。江戸幕府のはじまりに合わせるかのように、一六〇〇（慶長五）年に豊後国《ぶんご》（現在の大分県）の海岸に漂着した船団の船員だった。三浦按針《あんじん》の日本名で知られるイギリス人のウィリアム・アダムズは航海長で、彼とともにヤン・ヨーステンも家康の目にとまり、外交顧問として取りたてられたのだ。

一六一二（慶長一七）年から一六二一（元和七）年にかけては、ヨーステン自ら朱印状を懐にインドシナ半島へ向かい、各国と貿易関係を結ぶなどして活躍した。一介の航海士にしか過ぎなかったヨーステンだが、オランダの古都デルフトの名家の出であり、市長や東インド会社の重役の知遇を得ていたことが評価された。

また、貿易にとどまらず、外交面においても指南役として重用された。江戸城の向かいの、日比谷入江付近を埋め立てた地に屋敷を与えられたことからも、どれだけ家康の信任が厚かったかが想像できる。

じつはその一帯こそ、彼の名にちなんで「八代洲河岸」と命名されたのである。このことからも想像できるように、八代洲河岸は現在の東京駅の皇居側。つまり、丸の内のことを指していた。それが一九一四（大正三）年に新橋から鉄道が伸びて東京駅ができたことで、八重洲と丸の内の区分けができ上がる。駅の皇居側は丸の内、反対側、かつての海側である東側を八重洲としたのである。

だから、現在の八重洲は、もともとの場所からは東側に移っており、ここにヤン・ヨーステンの面影を求めようとしてもない。

ただし、ヤン・ヨーステンと八重洲の関わりを今に伝えるため、現在も彼の銅像がひっそりと八重洲地下街に置かれている。また、地上にあるモニュメント「記念平和の鐘」の下にも、リーフデ号とヤン・ヨーステンの像が埋め込まれている。

「両国」という地名は武蔵国と下総国の両国に架けた橋から

力士が闊歩し、国技館を擁している地として知らない人はいない両国には、いくつも相撲部屋があり、元力士が経営するちゃんこ料理店も数多くある。相撲一色に染め上げられたような雰囲気さえ醸している。

大相撲はもともと、両国にあった回向院《えこういん》という寺を常設場所として開催されていた。興行は蔵前《くらまえ》で行なわれた時期もあったが、新国技館が建設されてもとの場所に戻ってきた形である。

だからといって両国という地名が、相撲にちなんでつけられたわけではない。隅田川に架かる橋のひとつである「両国橋」にちなんで名づけられたものだ。

両国橋は「隅田川十三橋」と呼ばれる橋のひとつ。隅田川に架かるいくつもの橋のなかで、特徴のある橋を指してこう呼ばれているのだが、両国橋は千住大橋に次ぐ歴史を有している。建造されたのは一六五九（万治二）年（一六六一年説も）。

両国橋が架けられることになったきっかけは、一六五七（明暦三）年の明暦の大火である。猛火から逃れようとした多くの人々は、隅田川の東へと逃げようとした。

ところが当時、このあたりから川をわたろうとすると、離れた場所に千住大橋があるだけ。結果、逃げられず多くの焼死者を出してしまったのだ。そこで避難経路として、隅田川の対岸へと誘導することが決まり、橋が架けられたのである。

明暦の大火以前は、葦が生い茂る湿地帯にすぎず、橋が架けられた場所も江戸に含まれない場所だった。隅田川の東側の下総《しもうさ》国と、西側の武蔵国の二国である。この両国に架けられた橋ということから両国橋と名づけられたのである。

当時の両国橋は、現在より約五〇メートル下流にあった。もちろん、現在見ることができる両国橋とは違い、橋の中央に向かうにつれて急勾配の反り橋だったようだ。これは見た目よりも橋の強度を増すための工夫であった。

やがて橋の東側一帯に武家屋敷や寺社、町屋が集まり、にぎやかな場所となっていく。

また、橋のたもとには防火対策として、延焼防止のための広場が設けられた。普段は仮設小屋を出すことが許されたため、やがて茶屋や芝居小屋などができて娯楽の広場ともなり、いっそう両国をにぎわせることとなった。

まるで川の向こうに見える島のよう!?「向島」は江戸のリゾート地だった

向島《むこうじま》という地名の由来は、隅田川の岸から眺めると、川の〝向こうの島〟のように見えたことだといわれている。あたりの墨堤《ぼくてい》が桜の名所となり、春には多くの人々が訪れる名所だった。

墨堤というのは、隅田川が墨田川、墨水ともいわれたことからきている。もともと隅田川の洪水対策として築かれた堤防だが、桜の季節ともなれば花見と行楽を楽しむ庶民でにぎわった。桜の植樹を命じたのは、四代将軍の徳川家綱とも八代将軍の吉宗ともいわれている。当時はまだ一帯には水戸屋敷のほかに目立つ建物もなく、農家がぽつりぽつりと点在し、田畑が広がっていた。

やがて、向島には百花園も開園し、観光スポット化が進んでいく。江戸後期の文化・文政期（一八〇四～三〇年）のことである。骨董商を営む町人が民営の庭園としてつくり、当初は三六〇本の梅の木が美しいと評判を呼んだ。造営者の骨董商が、友人の文人墨客《ぶんじんぼっかく》に協力を依頼したことから、庶民的でありながらも詩経や万葉集の歌にちなんだ植物が四季折々に用意されるなど、その粋なセンスが人気を博した。

こうして牧歌的な風景に加えて、桜や百花園《ひゃっかえん》といった見どころができ、向島は一種のリゾートとして知られるようになる。百花園誕生に関わった文人墨客が頻繁に集まり、サロンのような雰囲気を醸したことも、独特の土地柄を生んだ。そんな粋人たちを目当てに、やがて向島には四季折々の味を看板にする小料理屋ができはじめる。明治時代になって、この小料理屋街が発展し、花街を形成するようになったのである。

向島というと「向島芸者」と呼ばれる芸妓が、あでやかな着物をまとって料亭をまわる街との印象が強いかもしれないが、その歴史はさほど古くない。ここはそもそも花街というより、本物の花で名を馳せた地だったのである。

埼玉県内になぜか東京都練馬区飛び地が生まれたワケ

そこは東京都練馬区西大泉町《にしおおいずみまち》。ところが、周囲を見渡せば、ぐるりと埼玉県の番地表示。埼玉県内にありながら、東京二三区に属する孤島のようになっている土地が、埼玉県新座《にいざ》市内にある。一般的に「飛び地」といわれる状況だ。

ここの飛び地は西大泉町という町名が冠せられているものの、面積は二〇〇平方メートルにも満たない。町が属する行政区域である練馬区との境界までは数十メートル。ぽつりと置き去りにされたかのように離れている。

なぜこのような状況が発生したかについては諸説があり、はっきりしたことは不明のまま。しかし一説によると、徳川家の鷹狩りの場だったことが関係する。

江戸時代の初期、問題の土地は尾張徳川家の狩り場となっていた。この狩り場は木暮村の名主によって管理されていたが、その後、一部が米津藩の領地となったまま明治を迎えた。名主は土地を維持するために木暮村の番地を飛び地に付けたため、埼玉県内なのに練馬区の番地が残されたという説である。

明治初期にこの飛び地一帯には家屋がなかったと記録されており、もっぱら農地として利用されていた。この段階では土地の帰属が問題視されることはなかった。それどころか、新座市のなかに練馬区があることすら知られていなかったようだ。

状況が変わったのは、一九七三（昭和四八）年のこと。土地の開発業者が分譲住宅の建設を計画し、帰属をめぐる問題に光が当てられることになる。開発業者が飛び地を「将来は新座市に編入される土地」として売り出していいのかと、練馬区に相談したことがきっかけだった。

練馬区側は飛び地を新座市に編入する方向性で、新座市の側に受け入れを打診した。新座市側もこれを了承したが、条件として「土地所有者全員の同意を得ること」が付けられていた。こうして二つの行政区の間で合意がなされ、新座市内

●埼玉県内にある東京都練馬区

埼玉県新座市にある東京都練馬区の飛び地（出典：国土地理院1：10000「大泉学園」）

にある練馬区の飛び地には住宅が建てられ、販売されたのである。

ところが結局、土地所有者全員の合意は取り付けられないまま。それゆえ編入は叶わず、飛び地状態のまま今日に到っている。いまもこの飛び地では、ゴミの回収や戸籍関係の申請は練馬区が請け負うという状態にある。

練馬区は区のホームページでも、飛び地を新座市に編入する方針ではあるが、所有者全員の同意を得ていないため問題が続いていると説明している。そして、編入へ向けての具体的な進展はまったくなく、時間だけが経過しているのが現状だ。

このような飛び地は、練馬区と新座市だけの問題ではない。江戸時代から引きずる課題を残していたり、平成の大合併と呼ばれた近年の市町村合併などで新たに飛び地が生まれたりと、全国には他にも数か所かある。なかには、福岡県の大《おお》牟田《むた》市のように熊本県の飛び地が三か所あるといった珍しい現象も見られる。

ガーデンプレイスに象徴される洒落た街「恵比寿」ビールのブランド名がルーツ

七福神を祀る大きな神社があったわけでも、恵比寿様にまつわる伝説があったからでもない。ガーデンプレイスができて、いまでは洒落た印象の強い恵比寿という地名と駅名は、ビール会社のブランドに由来する。

そのヒントを与えてくれるのが、ＪＲ恵比寿駅に降り立つと耳に響いてくるメロディ。映画『第三の男』のテーマ曲であり、ヱビスビールのＣＭに流れるメロディだ。それほど、ヱビスビールと恵比寿の縁は深い。

ガーデンプレイス自体が、かつてビール工場だった場所である。一八八九（明治二二）年、ここに三階建てレンガ造りのビール工場が建設された。現在のサッポロビールの前身のひとつ日本麦酒醸造会社が、玉川上水の分水である三田分水の水質はビール製造に向いているとドイツ人醸造技師から進言されて開設が決まった。当時はまだ商業施設どころか、一般家庭の住まいも見あたらないような田畑の広がる地帯で、恵比寿という地名もなかった。

一方、七福神にあやかったネーミングのヱビスビールは、発売当初から売れ行きも好調で、味の評価も高かった。さらなるヒットを狙う日本麦酒醸造会社は、一九〇一（明治三四）年、工場で出来上がったビールを配送して、現在の山手線で運ぶ計画を実施。二年後の一九〇三（明治三六）年には、工場から貨物列車がそのまま山手線へと乗り入れられるように、ビールを積み込むための引き込み線を敷き、同時に専用の貨物駅の増設に漕ぎつける。この貨物駅こそ、現在の恵比寿駅なのである。恵比寿駅は当初、一般の利用客が乗り下りすることができない駅だったのだ。

さらに三年後の一九〇六（明治三九）年からは、貨物の専用駅から旅客駅としても利用されるようになる。こうしていまに続く恵比寿駅が誕生し、約二〇年後の一九二八（昭和三）年には駅の周辺に恵比寿という地名が与えられた。ビールのブランド名から地名が生まれるという珍しいケースである。

現在ではヱビスビールの面影を町に見出すことは難しくなってきているが、ガーデンプレイス完成前の昭和を知る中高年なら覚えているのではないだろうか。

山手線の引き込み線あたり、現在の恵比寿駅からガーデンプレイスに続く通路付近に、食堂車のような列車が置かれ、仕事帰りに気軽に立ち寄れるビアガーデンとしてにぎわっていたのだ。百貨店や文化ホール、高級ホテル、一流のフランス料理店などが顔を並べる現在の雰囲気とは一線を画す、庶民的な風景が似合っていた時代があったのである。

JR山手線は「やまのてせん」かそれとも「やまてせん」か？

都内に暮らす人、あるいは都内の会社に勤務する人なら、山手線はきわめて身近な路線だろう。都心部を環状にぐるりと走り、朝夕のラッシュともなると車内はスシ詰め状態になる。そんな山手線について、利用者にその読みを聞いてみると「やまのてせん」と「やまてせん」に二分される。

果たして、どちらの読み方が正しいのだろうか。

結論からいうと正しいのは「やまのてせん」。一九七一（昭和四六）年、当時の国鉄が日本人に国内旅行を呼びかける大規模なキャンペーン「ディスカバー・ジャパン」を実施した。このとき、駅や路線名により親しんでもらおうという意図から、漢字表記にふり仮名をつけた。山手線には「やまのてせん」というふり仮名が振られ、正式に「山手線」の読みであるとされたのだ。

考えてみると、「東京の山の手一帯を走る路線」からついたことからも、「やまのてせん」と読むのが妥当だと思われる。

とはいえ、ふり仮名を振られる前は「やまてせん」と呼ぶ人も多かった。それもそのはず、当の国鉄が「ディスカバー・ジャパン」キャンペーンの前まで、「やまてせん」を公式な読みとして採用していたのだから当然である。

「やまてせん」が公式な名称とされた背景には、第二次世界大戦後の占領軍による統治がある。占領軍が国鉄に対して、自分たちが読めるようにと、すべての路線名にアルファベット表記を併記することを求めたのだ。

当時、国鉄職員の間では、「やまのてせん」を「やまてせん」と短縮する隠語の呼び方がよく使われていた。仕事柄、短い発声で済むほうが便利だったためだ。この隠語がアルファベット併記の際、うっかり占領軍に伝えられ、山手線は「YAMATE LINE」と表記されるようになった。「YAMATE」のほうが英語圏の人々にとって発音しやすかったことも、おそらく影響したのかもしれない。山手線はそのまま四半世紀の間「やまてせん」と読むのが正式とされたのである。

こうした歴史から、いまも「やまてせん」と読む人が残っているというわけだ。

◉参考文献

『〈図解〉超新説　全国未完成鉄道路線』川島令三、『別冊セオリー　東京　土地のグランプリ2012─2013最新版』（講談社）／『東京魔界案内』三善里沙子、『江戸の醍醐味』荒俣宏（光文社）／『ビジュアルブック江戸東京5　水の東京』陣内秀信（岩波書店）／『図説　歴史で読み解く！　東京の地理』『この一冊で江戸と東京の地理がわかる！』正井泰夫、『世界で一番おもしろい鉄道の雑学』櫻田純（青春出版社）／『江戸・東京の地理と地名』鈴木理生、『日本地理がわかる事典』浅井建爾（日本実業出版社）『江戸東京の地名散歩』中江克己、『東京・江戸　地名の由来を歩く』谷川彰英（KKベストセラーズ）／『地名で読む江戸の町』大石学、『東京メトロのひみつ』PHP研究所編、『お江戸の地名の意外な由来』中江克己（PHP研究所）／『東京の地理がわかる！』正井泰夫（三笠書房）／『江戸を歩く』田中優子（集英社）／『東京今昔歩く地図帖』井口悦男、生田誠（学研パブリッシング）／『ぐるり一周34・5キロ　JR山手線の謎』松本典久（実業之日本社）／『東京「駅名」の謎』谷川彰英、『人物探訪　地図から消えた東京遺産』田中聡（祥伝社）／『東京都臨海域における埋立地造成の歴史』東京地学協会／日経新聞

監　修

谷川彰英（たにかわ・あきひで）

1945年長野県松本市生まれ。松本深志高校を経て東京教育大学（現筑波大学）教育学部に進学。同大学院博士課程修了。柳田国男研究で博士（教育学）の学位を取得。筑波大学教授、理事・副学長を歴任するも、定年退職と同時にノンフィクション作家に転身し、第二の人生を歩む。学問の枠を超えた自由な発想で地名論を展開し、現在、テレビ・ラジオなどでも活躍する。筑波大学名誉教授。主な著書に『47都道府県・地名由来百科』（丸善出版）、『戦国武将はなぜその「地名」をつけたのか？』（朝日新書）、『千葉 地名の由来を歩く』（ベスト新書）など多数。

カバーデザイン　杉本欣右

カバーフォーマットデザイン　志村謙（Banana Grove Studio）

本文デザイン　Lush!

本文図版　伊藤知広（美創）

本書は『意外と知らない“首都”の歴史を読み解く！ 東京「地理・地名・地図」の謎』（2013年5月／小社刊）を再編集の上、文庫化したものです。

地図《ちず》に秘《ひ》められた「東京《とうきょう》」歴史《れきし》の謎《なぞ》

2016年10月27日　初版第1刷発行

監　修………………谷川彰英
発行者………………岩野裕一
発行所………………実業之日本社
〒153-0044　東京都目黒区大橋1-5-1 クロスエアタワー8階
電話（編集）03-6809-0452　（販売）03-6809-0495
http://www.j-n.co.jp/
印刷所………………大日本印刷株式会社
製本所………………大日本印刷株式会社

ISBN978-4-408-45674-4（第一趣味）